JN307388

春日鹿曼荼羅（奈良国立博物館蔵）
神鹿が雲に乗って春日の地に飛来する姿が描かれている。

岩戸神楽之起顕（神奈川県立歴史博物館蔵）
天宇受売命が天照大御神を天岩戸から誘い出すため、乳房を出し、女陰をあらわにして踊ったので神々が大笑いしたという、その所作が神楽舞の起源になったともいわれる。

泣不動縁起絵巻（清浄華院蔵）
室町時代初期に描かれた絵巻で、物語のはじめに安倍晴明が登場し、重病に苦しんでいる僧侶を救うために祈念する。

稲荷曼荼羅
(伏見稲荷大社蔵)
画面の下に描かれている狩衣姿の男神は左手に鎌をもっているが、これは稲荷神が男神であることをあらわしている。

石清水八幡宮曼荼羅（神奈川県立歴史博物館蔵）
図の名に「曼荼羅」とつくものの、絵の構図は境内図に近い形態をもつ。上部に描かれるのが、八幡三神をまつる社殿である。

金毘羅祭礼図屏風（金刀比羅宮蔵）（左）
元禄年間（1688 ～ 1703）に狩野清信が金刀比羅宮の依頼で描いたと伝えられる図で、例大祭当日の様子が題材となっている。

那智瀧図
（根津美術館蔵）
瀧を神体とする飛瀧権現の垂迹画。上部には鬱蒼たる樹林、その上には月輪が描かれ、そこから直下する白銀色の飛瀑が印象的に描かれる。

「斎庭の稲穂」の絵図（今野可啓筆　神宮徴古館蔵）
高天原で天照大御神が邇邇芸命に斎庭の稲穂を授け、地上の支配を願われているところ。

伊勢参詣曼荼羅（伊勢神宮徴古館蔵）
画面の左に内宮、右に外宮が配置された両宮曼荼羅。

東照権現像

（日光山輪王寺蔵）

徳川家光が夢に見た祖父の家康の姿を狩野探幽に描かせたもの。探幽は生前の家康をよく知っており、家康の真の姿に近いともいえる。

鹿島立神影図

（部分 奈良国立博物館蔵）

春日大社の縁起を描いたもので、図の下部には鹿島から飛来した武甕槌神が描かれている。上部の神様は本社第二殿の経津主神。

図説 あらすじでわかる！
日本の神々と神社

三橋 健

青春新書
INTELLIGENCE

はじめに

日本文化を知る上で、神様や神社は重要な手掛かりとなる。また、日本人の物の見方や考え方の本質を明らかにするには、どうしても神様や神社にふれないわけにはいかない。さらに神様や神社は、日本精神史においてきわめて重要な位置を占めている。

古来、「八百万《やおよろず》の神」といわれるように、神様の数はきわめて多く、しかも多様性を極めているので、一言でもって説明することは困難である。神様たちをまつる神社も、全国いたるところに数多く鎮座《ちんざ》しており、信仰の形態もさまざまに見られ、その解説は一筋縄ではいかない。

本書は、このような複雑多岐にわたる神様や神社を、できるだけ多くの人々に知ってもらいたいと願って書いたものである。

その内容は、日本の神様のルーツを明らかにすることから始まり、日本人が多数の神様を崇拝してきた意味、つまり日本在来の宗教は多神教であることを解説した。つぎに、和語の「かみ」に、どうして漢字の「神」をあてたかの理由をたずね、「神様とは何か」という根本問題を考えてみた。

さらに、神社信仰の諸形態に言及し、なかでも伊勢《いせ》・出雲《いずも》・八幡《はちまん》・春日《かすが》・稲荷《いなり》・天神《てんじん》など、わが国の主な神社に対する信仰を掲げ、それらの特徴について述べた。

また、高天原《たかまのはら》に最初にあらわれた天之御中主神《あめのみなかぬしのかみ》、高御産巣日神《たかみむすひのかみ》、神産巣日神《かむむすひのかみ》などのような観念的な神様にも注目し、それらの神様が神話においてどのような意味を持つかを考えてみた。そして歴史的には新しいけれども、神としてまつられた人間、たとえば豊臣秀吉《とよとみひでよし》・徳川家康《とくがわいえやす》、あるいは東郷平八郎《とうごうへいはちろう》・乃木希典《のぎまれすけ》などにも注目した。

さらには、暮らしのなかの神様である火の神様や水の神様をはじめ、子授け・安産の神様、また、生命の糧《かて》となる五穀豊穣《ごこくほうじょう》を司《つかさど》る神様たちにも言及した。

元来、日本の神様は不可視《ふかし》な存在である。しかし、本書の目的の一つは、タイトルにも示したように、肉眼で見ることのできない神様を、図や写真や地図などを掲げて、懇切丁寧《こんせっていねい》に説明するところにおかれている。

本書により、これまで神様や神社に無関心であった人が、一人でも多く神様や神社に興味を持っていただければ幸いである。

三橋　健

図説 あらすじでわかる！ 日本の神々と神社・目次

二章 神話の神様 91

カバー写真提供／奈良国立博物館
写真協力／京都国立博物館／奈良国立博物館／神奈川県立歴史博物館／太田記念美術館／國學院大學神道資料館／神宮徴古館／日本銀行金融研究所貨幣博物館／根津美術館／本居宣長記念館／秋葉山本宮秋葉神社／熱田神宮／淡嶋神社／伏見稲荷大社／江島神社／柿本神社／春日大社／賀茂御祖神社／賀茂別雷神社／神田明神／北野天満宮／駒形神社／北野天満宮／太宰府天満宮／金刀比羅宮／清浄華院／晴明神社／豊國神社／美保神社／湊川神社／八坂神社／奈良市観光協会／橿原市観光協会／亀山市観光協会／鳥取市観光協会／霧島市役所／添田町役場／滝沢村役場／富士吉田市役所／みやざき観光コンベンション協会／ミュージアム知覧（知覧町立博物館）／吉野町役場
本文デザイン・図版・DTP／ハッシィ

※神名の表記は原則として『古事記』によります。ただし、一章「日本の神社」に登場する神名は、その神様をまつる総本社の表記に準拠しています。
※神名のよみは歴史的かなづかいで表記すべきですが、読みやすさを考慮し、現代かなづかいにあらためました。

序章

日本の神様とは何か

八《や》百《お》万《よろず》の神々——古来より多くの神々を敬ってきた日本人

「記紀」に見られる神々たち

古来、日本人は天地自然のなかに神霊を感じ、それらを畏《おそ》れ敬ってきた。「八《や》百《お》万《よろず》の神」の語が示すように、日本には多数の神々が存在し、その種類もさまざまである。

八百万の神々にはどんな神々があるかというと、まず、中心的な位置をしめているのは、『古事記《こじき》』『日本書紀《にほんしょき》』『古語拾遺《こごしゅうい》』『風土記《ふどき》』『万葉集《まんようしゅう》』などに記載されている神で、これらを「古典の神」といい、なかでも重要なのは、『古事記』『日本書紀』のいわゆる「記紀二典」に登場する神々である。このうち『古事記』には、三二一柱《はしら》の神が見えている。

『古事記』によれば、まず天地のはじまりのとき、高天原《たかまのはら》という神々の住む天上の世界に、天之御中主神《あめのみなかぬしのかみ》、高御産巣日神《たかみむすひのかみ》、神産巣日神《かむむすひのかみ》の三柱があらわれた。つづいて地上に「神世《かみよ》七代《ななよ》」の神々が出現し、最後に伊耶那岐神《いざなきのかみ》と伊耶那美神《いざなみのかみ》が登場したとある。天神からの命《みこと》（御言《みこと》）を受けて国作りにとりかかった二神は、日本列島を生み、ついで多くの神々

神世七代の神々

(『万物雛形画譜《ばんぶつひながたがふ》』国立国会図書館蔵)

を次々に生んだ。天神から御言《みこと》を受けた二神は、「神《かみ》」から「命《みこと》」と称されるようになる。「命《みこと》」とは、天神によって仕事を委任されたものという意味である。

さて、伊耶那岐命と伊耶那美命とが結婚して生んだ神々は、人間の生活と関わりの深い文化神と、自然物や自然現象を神格化した自然神である。そのうちの文化神は、住居の土台の神、住居を管理する女神、家の入り口の男神など、住居に関わる神々が多い。

次に自然神は、海の神、港の神、風の神、木の神、山の神、野の神などである。そして最後に火の神を生んだとき、伊耶那美命は火傷《やけど》を負って嘔吐《おうと》し、病床について亡くなるのである。

八百万の神との共存共栄の思想

本居宣長《もとおりのりなが》は、『古事記伝』において、「カミ」を定義して、「カミ」とは古典に記されている天の神・地の神たちをはじめ、鳥、獣、木、草、海、山など、何であれ優れたるもの、かしこいものであると説いている。「優れたる」とは、「尊きもの」だけでなく、「悪《あ》しきもの、奇《あや》しきもの」も入るとし、さらに貴きも賤《いやし》きも、強きも弱きも、善きも悪しきもあると述べている。ただ、そのようなものであっても、人の崇敬によって尊い神になるのであり、人の崇敬がなかったら、神は妖怪変化へと零落《れいらく》するのである。

さらに宣長は、「カミ」を「天神《てんじん》・地祇《ちぎ》」、「人間の魂・祖先神」、「自然神」の三種に分類している。神道《しんとう》は七世紀後半に確立されたものと考えられるが、神道以前にも「カミ」は存在してきた。『日本書紀』に、葦原中国《あしはらのなかつくに》には気味の悪い神やうるさい神など悪神が多くいるとある。これらの神は森の民の神々で、一種の精霊であろう。狩猟採集で生きている森の民のもとに農耕民が入ってきて、森の民が大事にしている森林を開墾のため破壊した。また、農耕民の目には、狩猟民のカミは荒ぶる悪しき神に見えた。だが、農耕民が狩猟民のカミを撲滅せず、共存してきたことが、八百万の神々が存在する理由の一つと考えられる。つまり、「八百万の神」の思想の根底には、天地自然との共存共栄があるのだ。

本居宣長と『古事記伝』

『古事記伝』再稿本（全44冊）

本居宣長六十一歳自画自賛像

『古事記』の全注釈書で、宣長が明和4（1767）年頃に起稿し、32年の歳月をかけて寛政10（1798）年、69歳のときに完成させた畢生の大著である。
（本居宣長記念館蔵）

寛政2（1790）年8月に描かれたもので、国指定重要文化財。賛には「しき嶋のやまとこゝろを人とはゝ朝日ににほふ山さくら花」の歌が書かれている。
（本居宣長記念館蔵）

「神」という語の成立
―なぜ人びとは「神」の字をあてたのか

「神」という字の説文解字

古代の知識人は「かみ」という日本固有の言葉に対して「神」という漢字をあてた。だから、この「神」という漢字の意味を解明すれば、古代の人びとが「かみ」をどのようなものと考えていたかを知ることができるのではないだろうか。

「神」という漢字は、意符の示（かみ）と音符の申《シン》とから成り、これは雷神・天神《あまつかみ》の意である。また、申は、雷がものを振るわすことで、「震《シン》」とも同意である。

つぎに「示」の解字を見ると、降臨してくる神にいけにえ（犠牲）を捧げる祭壇をかたどったものであり、それが後に神のこころ（神意）を示すようになったという。

中国の皇帝の祭祀では、皇帝は自ら戈《ほこ》をとっていけにえの獣を殺した後、その毛皮と血を神前に供えた。いけにえの獣は、牛が圧倒的に多かった。そのことは「犠牲」の二字がともに「牛」偏であることからもわかる。また、道教《どうきょう》では、いけにえを供えて血食《けっしょく》する

「神」という漢字の解字

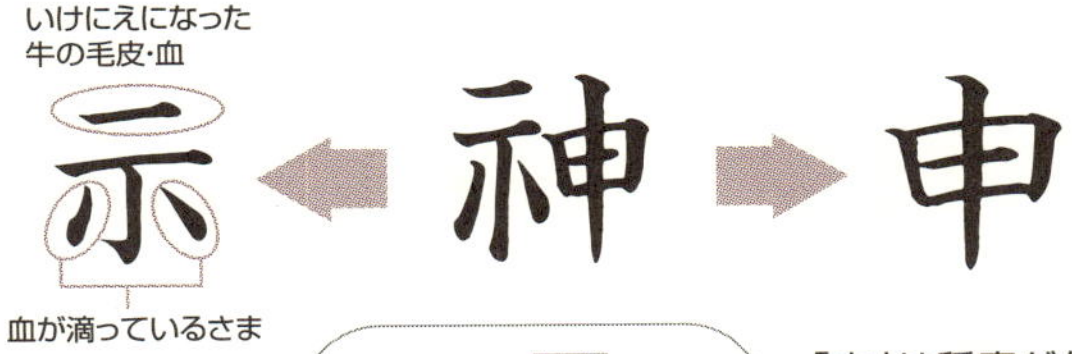

「示」は降臨してくる神霊に供えるためのいけにえを捧げる台（祭壇）をかたどっている。

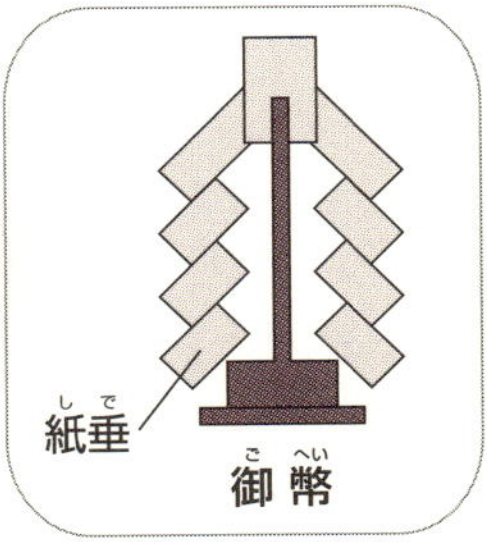

「申」は稲妻が伸びる姿を描いた象形文字。雷神・天神のこと。そこで「申」は神祭用具の御幣《ごへい》との関係が考えられる。とくに両脇にたれている紙垂《しで》は雷光を示すものと思われる。

ことが「祭り」である。血食とは、先祖の霊が血の滴《したた》るようないけにえを食べることをいう。ところが日本の国家祭祀では、いけにえの毛皮や血を神に供えることはなかった。ただ、『古語拾遺』崇神《すじん》天皇の条に、天の神、地の神をまつる際には、熊や鹿の皮、角などが奉納されたとある。『延喜式《えんぎしき》』にも、牛、熊、鹿などの皮を供えていたことが見える。

要するに、「神」という字は、「示（かみ）」と「申」から成り、「申」は稲光《いなびかり》が伸びた形から発した字で、雷電《らいでん》をあらわしているといえる。雷電は、雷神・天神の意でもある。「申」という字に「振動する」という意味があること、また前述のように申は震とも関係することが注意される。

依代の御幣と稲光との関係性

また、「申」は人体の中央の脊柱《せきちゅう》と左右の肋骨《ろっこつ》の形にかたどったとある。そこで、稲光と神祭用具の御幣《ごへい》との関係には共通性があるように思う。御幣（幣《へい》・幣帛《へいはく》）は依代《よりしろ》とも考えられ、そこへ神霊がよりつくものである。その依代である御幣の形は、あたかも雷が地上に落ちるときに生ずる稲光の形に類似している。このように考えると、「神（シン・ジン）」とは天神（テンジン・テンシン）、日本語の「あまつかみ（天つ神）」であり、その神体は雷（雷神）、雷光ということになろう。天神が降臨するときの稲光は、天地を震え動かす勢いをもつ恐ろしい存在で、神は畏怖《いふ》すべきものと考えられたのである。

このような「神（シン・ジン）」に対し、地上には「祇（ギ・キ）」が存在する。それは地祇、すなわち地の神（国つ神）で、これも大地を振動させる恐ろしい神である。

古代人が考えた「かみ」は身震いするような恐ろしい存在であった。人びとは「かみ」の前に恐れかしこみ、供え物をして穏やかに鎮《しず》まることを願ったと思われる。

このように人びとに身ぶるいするような猛威を与える代表的なものは雷であり、そのため、雷のことを「かみ」ともいったのである（雄略紀七年・万葉集三四二一）。

仏が人間を救い、法を説くものであったのに対し、「かみ」は恐れられる存在であった。

神や祭りに関係のある「示（ネ）」偏

漢字	解　字	意　味
禮	示（かみ）＋豊（酒を入れる器、さかずき）	神に酒器で酒を供える
社	示（かみ）＋土（耕す）	耕作の神 土地神
宗	宀（やね）＋示（祭壇）	先祖の神をまつる御霊屋《みたまや》
祈	示（かみ）＋斤（もとめる）	神に幸いを願い求める
祀	示（かみ）＋巳（止める）	神霊を神位（神霊を据えるところ）に止めてまつる
祇	示（かみ）＋氏（小さい山）	神を小山のうえにまつる土地神のこと
祝	示（かみ）＋兄（人がひざまずいて祈る）	神に向かって祈る
祖	示（かみ）＋且（はじめ）	始祖神をまつること
祐	示（かみ）＋右（たすける）	神がかばって助ける
祠	示（かみ）＋司（まつる）	神をまつる
祥	示（かみ）＋羊（よい意）	神が良しとすること
禊	示（かみ）＋契（けずりとる）	けがれを洗い清める
祭	示（机のうえに置く）＋肉＋又（手ですすめる）	祭壇上に酒肉を置いてすすめる
祓	示（かみ）＋犮（祓いのける）	神に祈って災いを除去する
禁	示（かみ）＋林（引き止める）	神域のなかに勝手に出入りできないこと

日本人の神観念
——自然神の創出から神仏習合へ

古代人は神をどのようなものと考えていたか

『古事記』『日本書紀』の神話に登場する神々は日本の代表的な神々であるが、ほかに氏神《うじがみ》や産土神《うぶすながみ》なども広く知られている。地域の神社にまつられている鎮守《ちんじゅ》の神、道端の小さな祠《ほこら》にまつられている神々、家のなかの神々、あるいは山・川・海・野などにまつられている神々、古代の指導者や有力者を神格化した、いわば人霊が神としてまつられる例もある。

古代の人々は、自然と密着して暮らしていた。彼らの生活の多くは自然の恩恵によるものであり、またその影響に左右されていた。しかし、この自然は恵みをもたらすかわりに、ときには猛威をふるった。祖先たちはそこに人知を超えたものを感じ、まわりにある木、草、山、川、岩、風、雷などあらゆる自然物に霊が宿ると信じ、それらを恐怖や畏怖の念をもって崇拝した。そこに山の神、川の神、風の神などが成立していったと考えられる。

古来、神々は全国のいたるところにまつられ、その土地を支配し、そこにずっと鎮座し

神棚の飾り方

①注連縄《しめなわ》　神聖な場所へ不浄なものが侵入することを禁じている縄のこと。神棚の正面上部に、ない始め（太い方）を右方（神様のほうからすれば左側）にしてかける。
②紙垂《しで》　注連縄に垂らして、そこが聖域であることを示す。
③神鏡《しんきょう》　神霊が鎮まっている象徴として神前に置く。
④榊《さかき》　神棚の榊立てに挿して飾り、枯れないうちに新しいものと取り替える。
⑤御灯明《おとうみょう》　神に供える灯火。
⑥神饌《しんせん》（お供物）　お三方に半紙を敷き、その上に御神酒やお米、お水、お塩などを供える。
⑦神饌（お供物）　お三方に半紙を敷き、その上に魚や野菜、果物などを供える

七福神と日本人

七福神の顔ぶれは時代によって相違しているが、今日のように恵比須・大黒天・毘沙門天・弁才天・福禄寿・寿老人・布袋と定まったのは江戸時代初期頃。新年になると、現在でもこれらの神様を巡拝する風習を各地で見ることができる。これを「七福神詣《もうで》」あるいは「七福神参り」などと称している。

上記の神々を巡拝する七福神信仰がさかんになるのは江戸時代の中期であるが、七福神信仰の萌芽は室町時代に見られる。室町時代に書かれた狂言に大黒・恵比寿・毘沙門・弁天などがしばしば登場してくる。

室町時代において七福神信仰が盛んになったのは、貨幣経済が著しく発展した京都・大坂など、上方が中心であった。商業都市の中心は商人であり、彼らの思想は富を蓄積することに向けられていたが、一般人も同様の考えをもっていたから、富をもたらしてくれる七福神が広く信仰されるようになった。

また、七柱の神々のルーツはインド・中国・日本と、アジア全域にわたり、日本古来の神は恵比寿だけである。しかし、このように異なる神々を宝船という一艘の船に乗せ、「七福神」という日本最高の福神を成立させた民衆の手腕は見事であり、それは他国に例を見ない。

『万物雛形画譜』（国立国会図書館蔵）に描かれた七福神。福禄寿・布袋・寿老人・毘沙門天の代わりに、天照皇太神宮・春日・稲荷・猿田毘古を描いており、いたって日本的・神道的な七福神となっている。

てきた。また、そこに住む人びとの生活や生産と深く結びつき、人びとの精神的支柱となってきた。たとえば家のなかには神棚《かみだな》があり、台所には火の神や竈《かまど》の神、恵比須《えびす》や大黒《だいこく》さまなどをまつった。さらに「天神《てんじん》さん」「お稲荷《いなり》さん」「神明《みょうじん》さま」などのように、神々を親しみをこめて「さま」や「さん」づけでよんできた。これは、日本人が神々を身近な日常生活のなかに感じてきたことをあらわしている。

日本人がもっている独特の神観念

日本には多くの神々が存在するが、絶対の力をもった全知全能の神はいない。神々はそれぞれにご利益を分担していて、人びともそのことをよく知っている。受験生は天神さんに祈願し、縁結びは出雲《いずも》の神様にお願いし、安産は水天宮《すいてんぐう》に祈願する。

また、日本人の神に対する考え方の特徴の一つに、神仏習合《しんぶつしゅうごう》思想がある。仏教が伝来しても、神々への信仰を捨てる必要を感じなかったし、仏は神の仲間であり、それほど異質とは感じなかった。日本の神々は、本地である仏・菩薩《ぼさつ》が人びとを救うために権《か》りにこの世に現れた姿、すなわち権現《ごんげん》であると考えたのである。さらに日本人は、仏教だけでなく、インド、中国、朝鮮半島などから渡来したさまざまな神を拒絶することなく、むしろ

道祖神

道祖神は「塞《さえ》の神」ともよばれ、疫病や悪霊から人びとを守ってくれる神様である。それゆえ、集落のはずれや道の辻にまつられている。

共生させてきた。これは世界の宗教史上でも注目すべきことである。

一方、『古事記』の神々に目を移すと、造化三神《ぞうかさんしん》の次に宇摩志阿斯訶備比古遅神《うましあしかびひこぢのかみ》、天之常立神《あめのとこたちのかみ》が成ったとあり、この二神と造化三神を合わせた五柱を「別天神《ことあまつかみ》」といい、「独神《ひとりがみ》」で「隠身《かくりみ》」とある。独神とは単独の神、つまり男女の性別がない神である。また隠身とは、肉眼で見ることができない神である。

なお、五柱の別天神につづいて神世七代《かみよななよ》がはじまり、三代から七代までの十柱の神は、いずれも配偶神で、神は男女の性別をもつものが多くなり、それらの配偶神が御子《みこ》を生む。神は仏とちがって性別がある。これも日本の神の特徴の一つになっている。

天《あま》つ神《かみ》と国《くに》つ神《かみ》
―『令義解』『古事記伝』に見る「天神」と「地祇」

宣長の『古事記伝』に見る「天神」「地祇」

日本の神々は「八百万の神」といわれるほど多数おられるが、律令の神祇《じんぎ》制度上からすれば、それらは「天神《てんじん》」と「地祇《ちぎ》」とに分類される。この、「天神・地祇」を「神祇」と略称している。つまり「天神」とは「神」、「地祇」とは「祇」ということになる。

本居宣長は、『古事記伝』三十三之巻で、「天神とは高天原《たかまのはら》にいる神、または高天原から天降《あまくだ》った神をいい、地祇はこの国土にあらわれた神をいう」と説いているが、天神・地祇の神格は複雑で、この宣長の説明だけでは、十分ではない。

たとえば、高天原から天降った須佐之男命《すさのおのみこと》の子孫である大国主神《おおくにぬしのかみ》は、国つ神とされている。「養老令」の注訳書の『令義解《りょうのぎげ》』には、天神と地祇に具体的な神名をあげているが、それらはかならずしも宣長の説とは一致しない。

また、日本神話においては、国つ神のほとんどが、天つ神に支配される神として扱われ

天つ神と国つ神

『古事記伝《こじきでん》』
（本居宣長著）
「天神とは天に坐ます神、又天より降坐る神を申し、地祇とは此国土に生坐る神を申すなり」
（三十三之巻）

両者の解釈はかならずしも一致せず、矛盾が見られる

『令義解《りょうのぎげ》』
「天神トハ、伊勢・山城ノ鴨・住吉・出雲ノ国造ガ斎ク神等ノ類、是ナリ、地祇トハ、大神・大倭・葛城ノ鴨・出雲ノ大汝ノ神等、是ナリ」

大神神社と三輪山

奈良県桜井市にある大神《おおみわ》神社は現在でも本殿が建っておらず、三輪山を御神体とするという。三輪山の標高は467m、周囲は16kmにもなる。古来より三輪山は神の鎮まる山といわれ、『古事記』などでは御諸山《みもろやま》、美和山《みわやま》、三諸岳《みもろのおか》と記されている。大神神社は本殿をもたないが、拝殿の奥には禁足地《きんそくち》があり、そこをもっとも神聖な場所として重視してきた。『万葉集』では「神社」「社」「杜」を「もり」とよんでいるが、これらは「閉ざされた聖地」という意味である。つまり、神社には必ずしも樹木が必要なのではなく、人の出入りを禁じた禁足地が本義であった。それゆえ、そこはおのずと森になったのであろう。これが神社の本来の姿と思われる。

ている。大和王権によって征服された地域の住民が信仰していた神が国つ神、皇族や有力な氏族が信仰していた神が天つ神になったものとも考えられる。

神に対して征服した神とか、征服された神という表現はふさわしくないようであるが、このように説明すれば、天つ神と国つ神の関係を捉《とら》えることができるようにも思われる。

たとえば、ある町の地主神《じぬしかみ》は稲荷《いなり》社で、もとから住んでいた人びとによってまつられていたが、そこに他から移住者があって、その子孫が住みついて栄えた。彼らは、時の流行《はやり》神《がみ》である八幡神をまつることになっていた。つまり、この地のもともとの神は稲荷神だが、そこへ外から強力な八幡神が入ってきたのである。そこで稲荷神は首座を八幡神にゆずり、末社《まっしゃ》の神に下がった。この場合、天つ神は八幡神で、国つ神は稲荷神となる。

◎天神・地祇と天社・国社

平安時代に編纂された律令の施行細則である『延喜式《えんぎしき》』の「神名帳《じんみょうちょう》」に、「天神地祇、すべて三千一百三十二座」と記してあり、この「天神地祇」は「アマツカミクニツカミ」と訓《よ》むのが順当だが、これに「アマツヤシロクニツヤシロ」との古訓が付されている。

これと同じように、『日本書紀』神武《じんむ》天皇即位前紀にも「天神地祇」を「アマツヤシロ

日常生活のなかに見る天つ神と国つ神の思想

わたしたちは家に客を迎えて饗応するとき、まず室内や玄関などをきれいに掃除をするであろう。これは神祭りにおける修祓《しゅばつ》、すなわち、お祓いにあたる。

つぎに、家の主人は客を最上座に迎えてもてなす。そこには神に供物を与え、祝詞《のりと》を奏上するのと同じ心が見られる。

この場合、家の主人は地主神の役目を担うことになる。つまりこれは上座を客に譲り、自分は末社《まっしゃ》の座にさがって、「天つ神」である客を丁寧にもてなしているのと同じことである。このように、客人接待の様式は、客神《きゃくじん》（蕃神《ばんしん》）を迎える神祭りと深い関係があるように思われる。

また、日本の饗宴の構造は神社の仕組みとよく似ていることもあげておきたい。

宴席における大尽《だいじん》（大神）の座は、神社の主祭神の座に相当し、それを多くの末社の神が取り巻いている。宴席でも大尽の機嫌をとる人のことを末社といい、これらは太鼓をたたいたり舞を舞ったりした。

これらのことより考えると、神社の構造と日本人の生活のしくみとはすこぶる類似していることがわかる。

いわば、神々の世界と日常生活は表裏一体の関係にあるといえるだろう。

クニツヤシロ」と訓んである。

つまり、「天神地祇」は神名と社名の両方を意味していた。日本人は、天神《あまつかみ》・地祇《くにつかみ》とそれらをまつる天社・国社（祇社・地社）とを、明白に区別してこなかった。神社とそこにまつられる祭神とは、同一視されることが多かったようである。

「神社」という名称は古代にもあったが、この語を「じんじゃ」と読むことが定着するのは明治のはじめ頃と思われ、古くは、むしろ「天社」「国社（祇社・地社）」という語が多く用いられている。「天社」「神社」という語は「天神社」を略した語であり、「国社・祇社・地社」という語は「地祇社」から生まれたことがわかる。

姿をあらわした神々

―「隠身」の存在だった神の現前化

仏像の影響をうけて制作された神像

神は人智を超えた霊的なもので、その姿や形を、人間は見ることができない。いわば「隠身《かくりみ》」の存在である。ところが、六世紀に伝来した仏教と仏像の影響をうけて、奈良時代には神像がつくられるようになってくる。仏教が伝来すると、その受容に関しては賛否両論があったが、多くの日本人が仏教に帰依《きえ》し、各地に氏寺《うじでら》が建てられた。日本人は、仏を神の一種と理解した。したがって仏教に帰依しても、もともと崇拝してきた日本の神々を捨てる必要はないと考えた。こうして奈良時代から神と仏教の仏との融合がはじまり、目に見えなかった神が、姿形をあらわすようになるのである。

ついで平安時代になると、日本の神はインドの仏・菩薩《ぼさつ》が権《か》りに日本に現れた姿であるとする権現《ごんげん》思想がさかんになった。神に「権現」との名をつけてよぶようになり、それぞれ本地仏《ほんじぶつ》が定められた。その本地仏は神社の本殿や、境内《けいだい》に建てた本地堂に安置された。

菩薩・権現・天王などと称される神々

蔵王権現《ざおうごんげん》

修験道で崇拝される独自の神格で、役小角《えんのおづぬ》が山中で感得したとされる。如意輪寺（奈良）・総持寺（東京）などに見られる。

牛頭天王《ごずてんのう》

もとはインドの舎衛城《しゃえいじょう》の祇園精舎の守護神で、須佐之男命と習合した。八坂神社（京都）をはじめ、全国各地にまつられた。

僧形八幡神《そうぎょうはちまんしん》

僧侶の姿であらわれた八幡大菩薩の神像。東大寺の僧形八幡神坐像（快慶作）や教王護国寺、薬師寺などのものが有名である。

天平宝字七（七六三）年、多度神宮寺を造るため、民間僧の満願《まんがん》が多度神の鎮まる山の木を刈り出して、その木材で御堂と「神像」をつくり、これを多度大菩薩と称したとの記録がある。これが、記録に残る最古の「神像」とされる。また、現存する最古の神像は、奈良薬師寺《やくしじ》にある三躰《たい》の神像で平安初期の制作と推定される。ほかにも、京都東寺《とうじ》の八幡三神像、松尾大社《まつのおたいしゃ》の四躰の神像が現存しており、いずれも平安初期の制作といわれる。

八幡大菩薩の誕生

多度大菩薩のように神に菩薩の名をつけるのは、神仏習合がひろまっていくなかではじまった。すなわち、神はこの世で苦しみを受ける衆生《しゅじょう》の一類とみなされ、仏教に帰依することで神身から離脱することを願っているとの思想である。菩薩号をもつ神で有名なのは、八幡大菩薩で、ほかに、春日大社《かすがたいしゃ》の慈悲万行《じひまんぎょう》菩薩、福岡市香椎宮《かしいのみや》の聖母大菩薩などが知られる。菩薩号は、明治元年の神仏分離令によって禁じられるまでつづいた。

奈良時代の同時期に、護法善神《ごほうぜんしん》説が唱えられた。これは、神は仏法を守護すべき存在だとする説で、寺院の境内に鎮守社を勧請《かんじょう》するという形であらわれた。

平安時代になると、本地垂迹《ほんじすいじゃくせつ》説が起こってきた。仏は神の本地・本体で、神は仏の権りの姿であり、両者は価値的に相並ぶとする思想である。これを権現思想、権現信仰といい、奈良時代の習合説より神の地位は上昇した。このようにして仏と神がいっそう密着していくことになった。今日でも口にする春日権現、熊野《くまの》権現などは、権現思想によって成立した神号である。平安中期に本地垂迹説は広く普及し、主要な神にはすべて本地仏が定められた。本地仏は時代により異なるが、たとえば伊勢神宮《いせじんぐう》の盧舎那仏《るしゃなぶつ》・救世観音《ぐぜかんのん》、熱田《あつた》の神の大日如来《だいにちにょらい》などである。こうした本地垂迹思想は、絵画、彫刻、工芸にも表現され、春日曼荼羅《まんだら》、熊野曼荼羅などが制作され、多くの垂迹美術（神道美術）が成立した。

三十番神に見る本地と垂迹の関係

番	垂迹（神様）	本地（仏・菩薩）
1	熱田大明神	大日如来
2	諏訪大明神	普賢菩薩
3	廣田大明神	勢至菩薩
4	氣比大明神	大日如来
5	氣多大明神	阿弥陀如来 または正観音
6	鹿島大明神	十一面観音
7	北野天神	十一面観音
8	江文大明神	弁才天
9	貴船大明神	不動明王
10	天照皇太神	大日如来
11	八幡大菩薩	阿弥陀如来
12	賀茂大明神	正観音
13	松尾大明神	毘婆尸仏
14	大原野大明神	薬師如来
15	春日大明神	釈迦如来
16	平野大明神	正観音
17	大比叡権現	釈迦如来
18	小比叡権現	薬師如来
19	聖眞子権現	阿弥陀如来
20	客人権現	十一面観音
21	八王子権現	千手観音
22	稲荷大明神	如意輪観音
23	住吉大明神	正観音
24	祇園大明神	薬師如来
25	赤山大明神	地蔵菩薩
26	建部大明神	阿弥陀如来
27	三上大明神	千手観音
28	兵主大明神	不動明王 または大日如来
29	苗鹿大明神	阿弥陀如来
30	吉備大明神	虚空蔵菩薩

（三橋健 作成）

民間信仰の神々
——連綿と受け継がれてきた集落・家の神様

五穀豊穣や災害除けを願う集落の神様

日本人は天地自然のなかに八百万の神々を見出し、それらを畏敬《いけい》し、自然は征服するのではなく、自然とともに生きてきた。科学の発達していない時代には、自然の恵みや猛威は神々の力によるものと信じ、人びとは神々に五穀豊穣《ごこくほうじょう》や一日の無事と明日の幸せを願い、また感謝した。その精神は親から子へ、子から孫へと受け継がれてきた。

このような日常生活と結びついた神々への崇敬を民間信仰といい、それには種々多様なものがある。明白に分類するのはむずかしいが、次のような特徴によってわけられる。

まず、地域社会や地域住民がまつる神で、これらは、氏神《うじがみ》、産土神《うぶすながみ》、鎮守神《ちんじゅのかみ》などとよばれる。これらの神々は同じ地域や集落に住む人びとを守護している。また、外部から侵入してくる悪神、邪霊、疫病を防ぐために集落の境や辻《つじ》にまつってきた神がある。

次に、生活と深い関わりがあり、生命を育み、守る神がいる。まず、産婦と新生児を守

自然界や集落の守護神

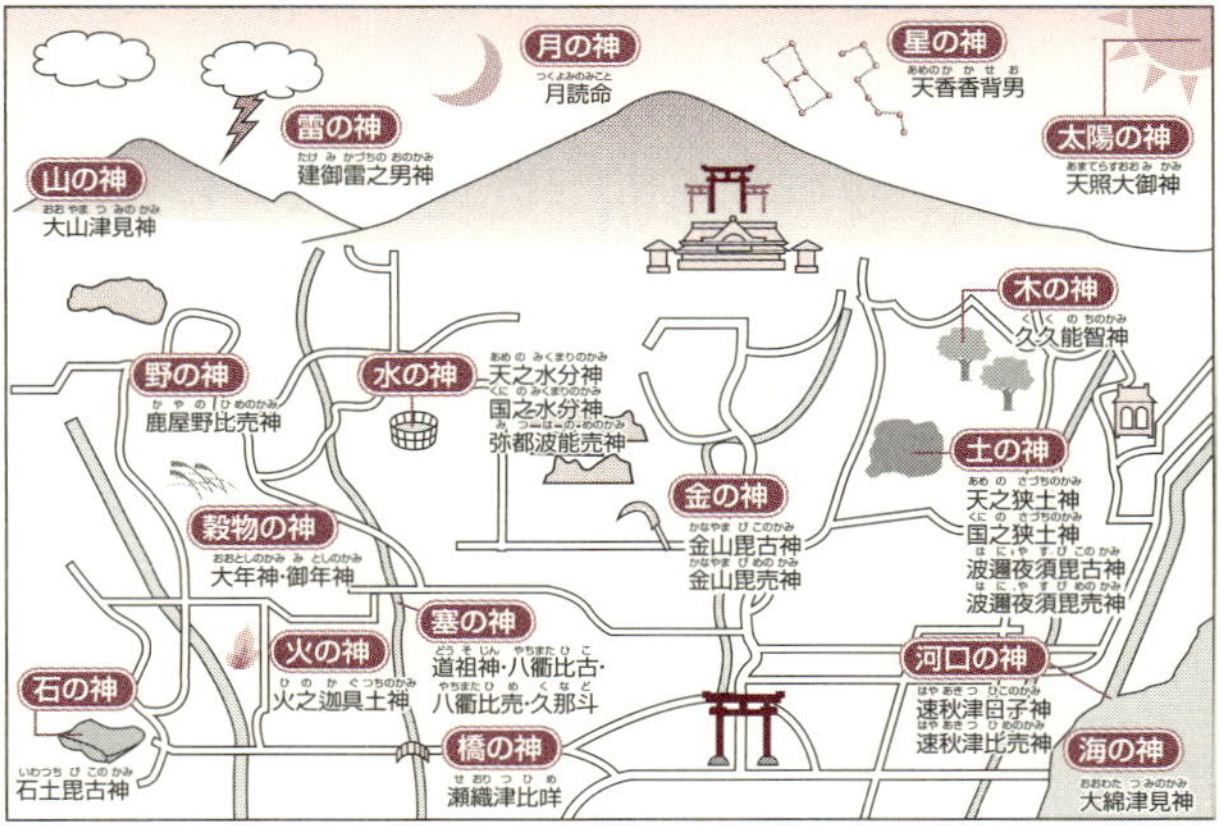

る産神《うぶがみ》、そして安産・子授けの神として子安《こやす》神《がみ》がいる。このようなおもなものとしては、木花之佐久夜毘売《このはなのさくやびめ》や息長帯比売《おきながたらしひめ》がある。さらに、婦人病を治す神としては淡嶋《あわしま》さまが信仰されている。

病気の神として知られる疫神《えきしん》、疱瘡神《ほうそうがみ》などで、疫病をはやらせたり、とめたりできる神である。六月と一二月の大祓《おおはらえ》は、人間を不幸に陥れる罪や穢《けが》れを除去する神事《しんじ》で、そこで活躍する神を祓戸《はらえどの》四《よ》柱神《はしらのかみ》という。

台所や竈、厠にもいる日本の神様

家は外敵や風雨から身を守ってくれる。そこは家長を中心に家族がそろって団欒《だんらん》する重要なところである。そのため、家の内外にはさまざまな神がまつられ、信仰されていた。

家を守る屋敷神《やしきかみ》は、稲荷《いなり》神が多く、それらは敷地内にまつられている。

また、家のなかには水の神、火の神、井戸の神、台所の神、竈《かまど》の神、三宝荒神《さんぽうこうじん》などがまつられ、さらに恵比須、大黒天のような福神、年神、歳徳神《としとくじん》などもまつられている。

家のなかでもとくに、火を扱う台所は重視され、ことのほか神聖な場所とされた。

そこには、火の神や火伏《ひぶ》せの神である荒神さまがまつられている。荒神さまは別名「三宝荒神」ともよばれる。福神の恵比須や大黒天をまつる棚を設けている家も少なくない。

厠《かわや》の神、厩《うまや》の神、納戸《なんど》神はかつての農家には一般的にまつられていた。

『古事記』の神話のなかでは、伊耶那岐神《いざなきのかみ》と伊耶那美神《いざなみのかみ》は国土を生んだ後に、神々を生んだ。このとき生まれた石土毘古神《いわつちびこのかみ》から大屋毘古神《おおやびこのかみ》までの五神は、家屋に関する神々とされている。石土毘古神は住居の土台の神、石巣比売神《いわすひめのかみ》は石や砂の神格化で土台の女神、大戸《おおと》日別神《ひわけのかみ》は家の出入り口の神、天之吹男神《あめのふきおのかみ》は屋根葺きの神、大屋毘古神は大きな家屋の神といわれている。また、大地の神としては地鎮祭のときにまつられる、大地主神《おおとこぬしのかみ》がある。

家屋の神は、棟上《むねあ》げや上棟祭《じょうとうさい》にまつられる神で、屋船久久遅命《やふねくくちのみこと》、屋船豊宇気姫命《やふねとようけひめのみこと》である。門口の神は、家の出入り口の前の広くなったところにまつり、邪霊が家に入るのを防

古い民家にまつられる神々

敷地の神

『古事記』に登場する石土毘古神《いわつちびこのかみ》は家の土台としての性格をもつことから、敷地神とされる。地鎮祭では産土神と大地主神をまつっている。

家屋の神

家屋を守る神様で、棟上げや上棟祭のときにまつられる。『古事記』に石巣《いわす》比売神《ひめのかみ》が見え、また『延喜式』の「大《おお》殿祭《とのほがい》」の祝詞には屋船久久遅命《やふねくくのちのみこと》・屋《や》船豊宇気姫命《ふねとようけひめのみこと》が家屋を守護する神として登場している。

屋敷の神

稲荷の神がまつられている場合が多い。「内神《うちがみ》」または「地《じ》神《がみ》」ともよばれる。

台所の神

火を使う台所では、荒神さま（三宝荒神《さんぼうこうじん》）がまつられる。また、台所は食物という人間の生命に不可欠なものを扱う場所であるため、恵比寿や大黒天などの福神も一緒にまつられてきた。

竈《かまど》の神

火伏せとしての信仰だけではなく、家の守り神としても神徳がある。『古事記』では、奥津日子神《おきつひこのかみ》・奥《おき》津比売命《つひめのみこと》があり、別名、大戸比売神《おおべひめのかみ》で、これらは竈の神とされている。

厠《かわや》の神

厠の神は出産とも深く関係し、女性が便所をきれいに保っておくと良い子が授かるとされた。仏教寺院などでは厠に烏枢沙摩明王《うすさまみょうおう》のお札が貼られたが、これは不浄を清浄に転化させる徳をもつ明王という。

門口《かどぐち》の神

門口とは家などの出入り口のこと。悪霊から家を守るため節分にはイワシの頭を柊《ひいらぎ》に通して門口に刺す風習が見られる。『古事記』では大戸日別神《おおとひわけのかみ》や天石門別神《あめのいわとわけのかみ》が御門の神として記され、また『延喜式』の「祈年祭《としごいのまつり》」や「御門祭《みかどまつり》」の祝詞に見える「櫛磐牖命《くしいわまとのみこと》」と「豊磐牖命《とよいわまとのみこと》」の神も、門口の神である。

いだ。前述の大戸日別神のほか、天石門別神《あめのいわとわけのかみ》、櫛石窓神《くしいわまどのかみ》、豊石窓神《とよいわまどのかみ》などがいる。正月に門松を立てたり、節分にイワシの頭をヒイラギの小枝にさしておく風習はいまも見られる。これらも門口の神々と関わりの深い行事である。

市場や職業の守護神とオシラサマ・七福神

職業の熟達や事業の繁栄、技芸の大成を願って、人びとはその守護神をまつってきた。時代の推移にともなって神々も多様化し、現代では科学技術の神や球技、スポーツの神、芸能の神も見られる。芸能の神には、雨夜神《あまよのかみ》、天宇受売命《あめのうずめのみこと》、弁才天《べんざいてん》などがある。

市場とそこに集まる商人を守るのは市神《いちがみ》で、恵比須や大黒天、あるいは稲荷が信仰された。鍛冶《かじ》業者がまつる鍛冶神は天目一箇神《あまのまひとつのかみ》で、金属加工業者の守護神は、金山毘古神《かなやまびこのかみ》、金山毘売神《かなやまびめのかみ》などである。養蚕と家を守護する神として東北地方で信仰されているのはオシラサマで、これはイタコ（巫女）がまつる神である。福神信仰のなかでは恵比須と大黒が、神話の時代から、人びとの暮らしのなかであつく信仰されてきた。恵比須は事代主神《ことしろぬしのかみ》(子)、大黒は大国主神《おおくにぬしのかみ》（父）で、二神は父子の関係にある。いまも、古くからの風習や行事の一端が残されていて、神々は生活のなかに生きている。

一章

日本の神社

伊勢神宮《いせじんぐう》——天照坐皇大御神と豊受大御神をまつる「お伊勢さん」

◎内宮の天照坐皇大御神と外宮の豊受大御神

伊勢神宮《いせじんぐう》の正式名は「神宮」であるが、一般的には「お伊勢さん」と親しまれている。当神宮の主祭神は、皇大神宮《こうたいじんぐう》（内宮《ないくう》）が「天照坐皇大御神《あまてらしますすめおおみかみ》」、豊受大神宮《とようけだいじんぐう》（外宮《げくう》）が「豊《とよ》受大御神《うけおおみかみ》」と表記される。前者は「天照大神《あまてらすおおみかみ》」のこと、後者は「豊受大神《とようけのおおみかみ》」のことである。

このうち天照大神は、天照大御神（『古事記』）とも表記し、八百万《やおよろず》の神々に冠絶《かんぜつ》する神様である。「記紀《きき》神話」にも最高至上神として記されており、文字どおり「天に照り輝く太陽のような神」である。『古事記』によると、天照大御神の誕生を次のように記している。それは伊耶那岐神《いざなきのかみ》が黄泉国《よみのくに》から戻り、筑紫《つくし》の日向《ひむか》の阿波岐原《あわぎはら》の小さな港で禊《みそぎ》をし、左目を洗ったときである。

このあと、右目を洗ったときに月読命《つくよみのみこと》が、鼻を洗ったときに須佐之男命《すさのおのみこと》が生まれている。この三神を三貴子《さんきし》といい、そのなかで天照大御神がもっとも貴い神であったので、父神の伊耶那岐神は大御神に高天原《たかまのはら》（天上）を統治するようにとお任《まか》せになられた。

一方、外宮の豊受大御神は、生命の源の食物の神様である。皇大神宮の天照坐皇大御神に食物を奉《たてまつ》る神で、豊受大神という神名の「とよ」は「豊か」の意、「うけ」は「食物」のことである。

つまり五穀、食物の神である。『古事記』には、「登由気《とゆけ》の神」と記されている。「豊かな食物」の神であるが、現在では広く衣食住の守り神として信仰されている。

一二五の宮・社から成る伊勢神宮

神宮は皇大神宮（内宮）と豊受大神宮（外宮）の両正宮をはじめ、別宮《べつぐう》・摂社《せっしゃ》・末社《まっしゃ》・所管社《しょかんしゃ》を合計すると、一二五の宮社からなる。その内訳は正宮二、別宮一四、摂社四三、末社二四、所管社三四、別宮所管社八である。

さて、内宮は、三重県伊勢市宇治館町の五十鈴《いすず》川の右岸に鎮座する。五五〇〇ヘクタールの広大な宮域には杉、松、檜《ひのき》、椎《しい》などの天然林が、森厳で清浄な神域を保っている。神話によれば、天照大御神は、高天原から天孫邇邇芸命《てんそんににぎのみこと》を降臨させ、豊葦原《とよあしはら》の瑞穂《みずほ》の国（日本国）を統治することを任せられた。その降臨に際し、八咫鏡《やたのかがみ》を自らの御魂代《みたましろ》とするようにと願われた。この鏡は三種の神器の一つである。

なお、この八咫鏡は代々天皇が宮中にまつっていたが、第十代の崇神《すじん》天皇の御代に大和《やまと》の笠縫邑《かさぬいのむら》にまつることとなった。ついで第十一代の垂仁《すいにん》天皇の御代に、天照大御神の御教によって伊勢国五十鈴川の川上が選定され、そこに祠《ほこら》を建ててまつられた。これが内宮の創祀である。

外宮は、内宮とはおよそ六キロ離れた伊勢市豊川町の山田原に鎮座する。外宮の創祀は延暦二三（八〇四）年に太政官《だじょうかん》に提出された『止由気宮儀式帳《とゆけぐう》』によれば、第二一代雄略《ゆうりゃく》天皇の夢に天照坐皇大御神があらわれ、御饌《みけ》の神として丹波国《たんばのくに》にいる等由気《とゆけ》大神をよび寄せるように託宣されたので、雄略二二（四七八）年、この神を山田原に移して宮を建ててまつったと記してある。そのような由来によって、外宮内の御饌殿では毎日、朝夕の二度、天照坐皇大御神に食物を奉る祭り（日別朝夕大御饌祭《ひごとあさゆうおおみけさい》）が、一日も欠かさずおこなわれてきているのである。

神社資料

総本社：内宮：皇大神宮（三重県伊勢市宇治館町）外宮：豊受大神宮（三重県伊勢市豊川町）／**祭神**：天照坐皇大御神（内宮）、豊受大御神（外宮）／**おもな祭り**：神嘗祭（内宮：10月16～17日、外宮：10月15～16日）

伊勢神宮の内宮と外宮

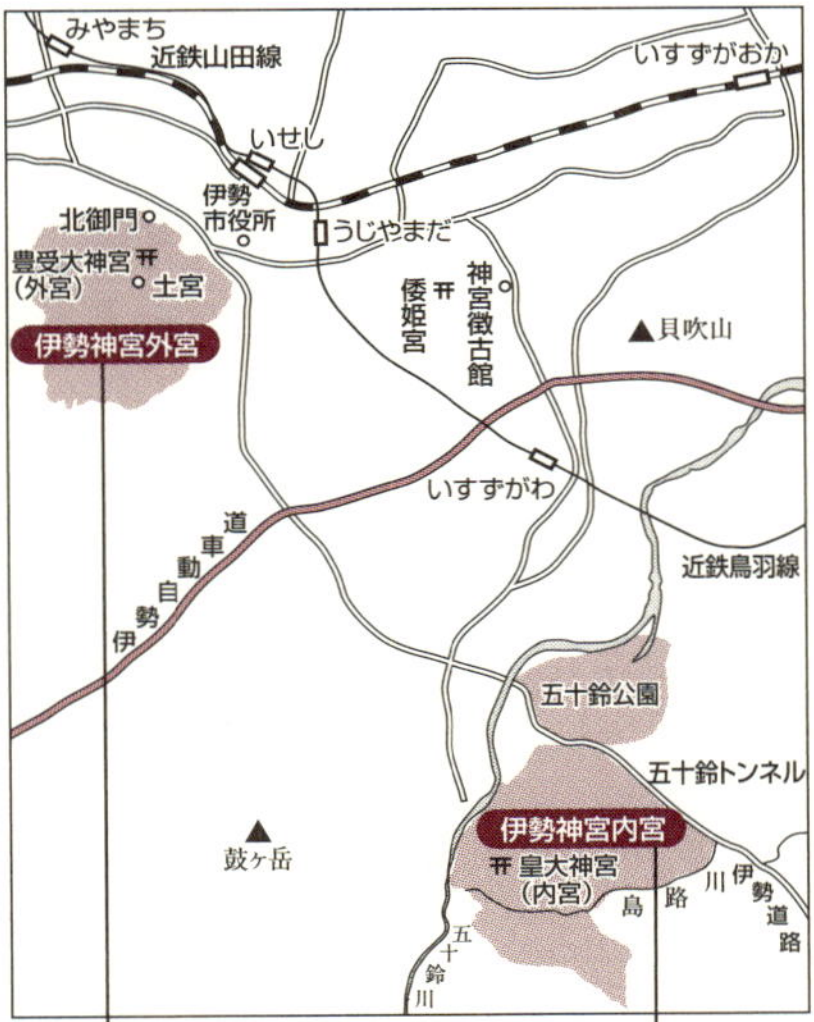

伊勢神宮は内宮・外宮とそれに付随する摂社・末社・所管社を合わせた125社の総称である。それらは伊勢市全域にわたって鎮座している。

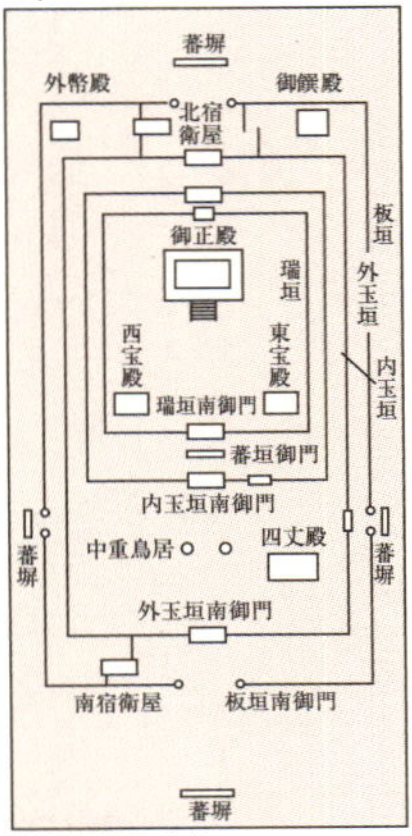

豊受大神宮《とようけだいじんぐう》（外宮《げくう》）の御垣内平面図

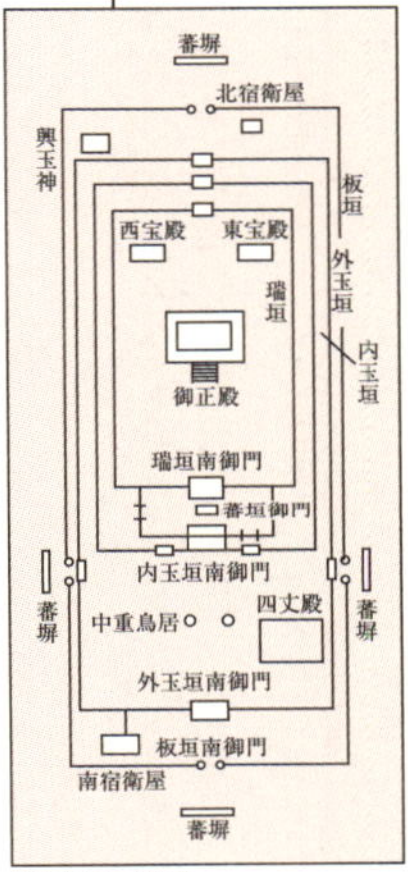

皇大神宮《こうたいじんぐう》（内宮《ないくう》）の御垣内平面図

八幡神社《はちまんじんじゃ》
—源氏の守護神ともなった「八幡大菩薩」

◎誉田別尊をまつる鎮守の森の「八幡さん」

八幡《はちまん》神社の数は全国二万五千余社におよび、神社のなかでは稲荷《いなり》神社についで多いといわれている。この八幡神社にまつられる主要な神様は誉田別尊《ほんだわけのみこと》。これも漢風にいえば応《おう》神《じん》天皇であり、一般には「八幡さま」とよばれている。

八幡神の神格は複雑で、神名の読み方も「はちまん」「やはた」と読むことができるし、名義も一定していない。

鍛冶《かじ》の神、農業神、焼畑神、多くの幡《はた》の意などと諸説がみられ、一定していない。平安時代の史書『扶桑略記《ふそうりゃっき》』に、つぎのような伝承が伝えられる。

欽明《きんめい》天皇の御代（六世紀半ば）に豊前国宇佐《ぶぜんのくにうさ》に容貌奇異な鍛冶の翁《おきな》がいた。大神比義《おおがのひぎ》という者がこの翁に三年仕え、もし、あなたが神であるならば姿をあらわしてほしいと祈ると、翁は三歳の童子となり、自分は「誉田天皇《ほんだのすめらみこと》（応神天皇）で広幡八幡麿《ひろはたやはたまろ》なり」と名乗った。以来、応神天皇が八幡神とされてきたという。

八幡神は、早くから仏教と習合し、菩薩号《ぼさつごう》でもって八幡大菩薩ともよばれるようになった。これは、日本の神が菩薩行をおさめることにより仏に近づくという神仏習合思想による。東大寺《とうだいじ》の大仏建立の際、八幡神がその鋳造に協力することを誓い、東大寺の鎮守となったのは有名である。そのようないきさつがあり、寺院の守護神として八幡神が勧請《かんじょう》されるようにもなった。

また託宣《たくせん》をよくする神で、神護景雲《じんごけいうん》三（七六九）年、皇位を狙った道鏡《どうきょう》を、和気清麻呂《わけのきよまろ》が八幡神の託宣を受けて阻止した。以来、八幡神は皇室の守護神としても地位を築いた。

中世になると、八幡神は源氏《げんじ》の崇敬を集め、武家の間で爆発的に信仰が広まった。

八幡宮・八幡神社の総本宮宇佐神宮の起源

八幡神をまつる神社を八幡神社、八幡宮などという。それらの八幡神社・八幡宮の総本宮が宇佐神宮で、当宮は三殿から成っている。欽明天皇の御代《みよ》に宇佐の亀山《かめやま》に八幡神があらわれたのであり、この地にまつった。それは神亀《じんき》二（七二五）年のことで、聖武《しょうむ》天皇の勅願《ちょくがん》によるものと伝えている。これが第一之殿の建立となった。

ついで天平五（七三三）年には第二之殿が建立されて比売大神《ひめおおかみ》がまつられ、弘仁一四（八二三）年には第三之殿が建立され、応神天皇の母神の、神功皇后《じんぐうこうごう》がまつられた。比売大神とは、多岐津姫命《たきつひめのみこと》、市杵嶋姫命《いちきしまひめのみこと》、多紀理姫命《たきりひめのみこと》の三女神で、日本の海の神として海上安全、交通安全、福徳愛敬などの神徳があるといわれる女神たちである。

なお、社伝によると、これらの三女神は天照大御神と須佐之男命が誓約《うけい》をしたとき、大御神が須佐之男命の剣を噛《か》み砕いて吹き出した霧から生まれ、宇佐に天降ったので、この地にまつったといわれる。

また、神功皇后は、母神として現在は安産、教育などの守護神として信仰があつい。

さらに、京都の石清水《いわしみず》八幡宮は貞観《じょうがん》元（八五九）年に宇佐八幡宮から勧請された。また、源義家《みなもとのよしいえ》は、この神社で元服《げんぷく》し、八幡太郎義家とよばれた。

また、鎌倉の鶴岡《つるがおか》八幡宮は、康平《こうへい》六（一〇六三）年に、石清水八幡宮の分霊を鎌倉の由比郷《ゆいごう》に勧請し、源頼朝《よりとも》が現在の地に移し、源氏の神として尊崇した。

神社資料

総本社：宇佐神宮（大分県宇佐市大字南宇佐）／**祭神**：八幡大神（誉田別尊）・比売大神・神功皇后／**おもな祭り**：宇佐祭（例祭。3月18日）・仲秋祭（放生会。10月）、勅使祭（臨時奉幣祭。10年に1度）

全国のおもな八幡宮

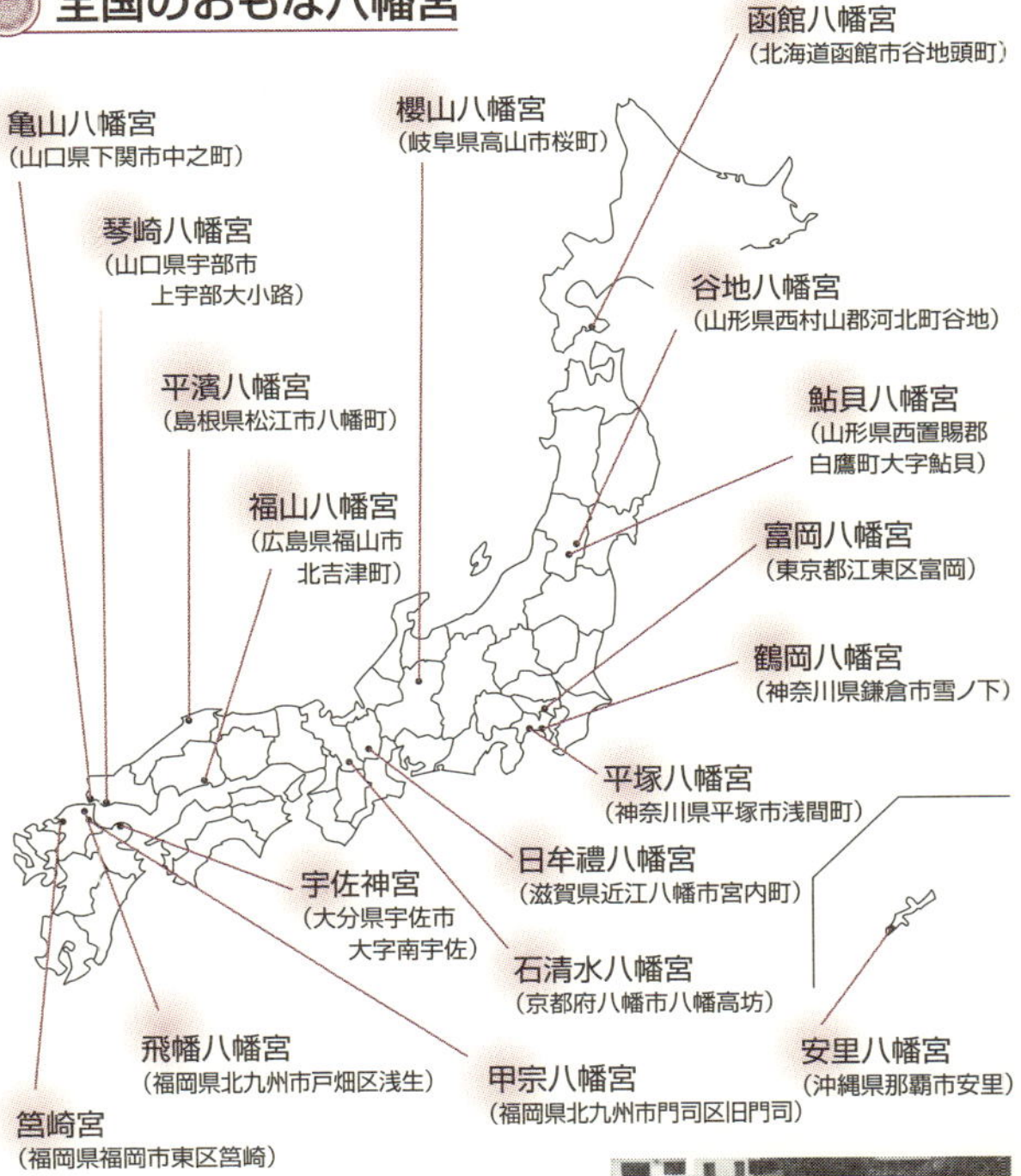

深川八幡祭り

富岡八幡宮の例祭は別名「深川八幡祭り」ともよばれ、日枝神社（赤坂）の山王祭、神田明神の神田祭とともに「江戸三大祭」の一つに数えられている。

伏見稲荷大社《ふしみいなりたいしゃ》

――渡来系の豪族・秦氏の氏神「お稲荷さん」

宇迦之御魂大神と五穀豊穣の願い

稲荷神社は全国に数多くまつられるが、その祭神名は宇迦之御魂大神《うかのみたまのおおみかみ》で俗に、「お稲荷さん」の名で庶民に親しまれてきた。神名の「宇迦《うか》」は「食（うけ）」のことで、穀物の意味である。したがって、五穀・食物を司る神といわれる。『古事記』では、須佐之男命と神大市比売命《かむおおいちひめのみこと》の間に生まれた神とされ、『日本書紀』では、伊弉諾尊《いざなきのみこと》と伊弉冉尊《いざなみのみこと》が飢えて気力がなくなったときに産んだとある。さらに『日本書紀』には「倉稲魂命《うかのみたまのみこと》」の名で記されている。これは文字通り、倉のなかに納められた稲の霊魂を意味している。

稲荷に対する信仰は、和銅《わどう》四（七一一）年二月初午《はつうま》の日に、稲荷山三ヶ峰に稲荷神が鎮座したことにはじまるとされる。当時、山城国《やましろのくに》（京都）一帯にいた渡来系の豪族である秦《はた》氏がまつっていた氏神であった。

『山城国風土記《ふどき》』逸文《いつぶん》には、稲荷神社（現在の伏見《ふしみ》稲荷大社）の縁起としてつぎのような話が記されている。昔、秦伊呂巨《はたのいろこ》（具《ぐ》）という者が、富み栄えたので驕《おご》って餅を的にして弓で射ったところ、餅が白鳥となって飛び去り、山頂に舞い降りた。そこに稲がたわわに成った。伊呂巨は驕りを悔《く》いて、そこに社を建て、神をまつった。この「稲成り」が転じて「稲荷」となったという。

稲荷神は、宇迦之御魂大神のほか、豊受大神《とようけのおおかみ》、若宇迦売神《わかうかのめのかみ》（式祝詞）、保食神《うけもちのかみ》、大宜津比売神《おおげつひめのかみ》、御饌津神《みけつのかみ》などと同一神とされる場合も多い。

ところで「お稲荷さん」といえば狐ということで、稲荷神社の前には狐の像が置かれたりしている。これは、食物を司る御饌津神が転訛して「御狐神《みけつかみ》」とされたためという。狐は古くは「けつね」といった。仏教の荼枳尼天《だきにてん》と稲荷を結びつけ、荼枳尼天の配下が狐だったので、狐が神使《しんし》になったとの説もある。

総本社、伏見稲荷大社と日本三大稲荷

稲荷神社の数は、全国に四万とも五万ともいわれるが、確かな数はわからない。その総本社が京都市伏見区に鎮座する伏見稲荷大社である。現在、同社では宇迦之御魂大神（下社）、佐田彦大神《さたひこのおおかみ》（中社）、大宮能売大神《おおみやのめのおおかみ》（上社）、田中大神《たなかのおおかみ》（下社摂社）、四大神《しのおおかみ》（中社

摂社）の五柱の神々を合わせて本殿にまつり、これらを「稲荷五社大明神」としている。

伏見稲荷大社の縁起はさまざまなものがあり、先の『山城国風土記』のほか、『日本書紀』には次のように記されている。それは欽明天皇が即位される前、「秦の大津父《おおつち》という者を登用すれば、かならず天下を治められる」という夢を見たので、早速、探し求めたところ深草《ふかくさ》の里で見つけることができた。そこで大津父を重席に登用した。秦氏は豪族として朝廷に厚遇され、和銅四年に稲荷山に稲荷神をまつって大社《たいしゃ》を建立したとある。

弘仁一四（八二三）年、弘法大師《こうぼうだいし》・空海《くうかい》が東寺《とうじ》を建立する際、誤って伏見稲荷大社の神域から用材の木を切り出したところ祟《たた》りがあったので、非礼を稲荷神に詫び、その分霊を東寺の守護神とした。これによって、全国の真言宗の寺院には、稲荷神が勧請《かんじょう》されるようになったというのである。

稲荷神社は、伏見稲荷大社のほか、茨城県笠間《かさま》市の笠間稲荷神社や愛知県豊川《とよかわ》市の豊川稲荷、佐賀県鹿島《かしま》市の祐徳《ゆうとく》稲荷神社などがよく知られている。

神社資料　**総本社**：伏見稲荷大社（京都市伏見区深草）／**祭神**：宇迦之御魂大神／**おもな祭り**：初午祭（2月初午の日）・稲荷祭（神幸祭。4月20日にちかい日曜日）・稲荷祭（還幸祭。5月3日）

伏見稲荷大社のおもな年中行事

宇迦之御魂大神

穀物の神として宇迦之御魂大神(倉稲魂命)が伏見稲荷大社の主祭神となった
(『神仏図会』国立国会図書館蔵)

1月5日　大山祭

早朝、稲荷山七神蹟の外玉垣に注連縄を張る神事。

1月12日　奉射祭

御弓始神事で、邪気や陰気を祓い陽気を迎える神事。

2月初午　初午大祭

「稲荷詣」ともいわれる、稲荷神社でも著名な祭り。稲荷大神が稲荷山の三ヶ峰にはじめてご鎮座になった和銅4(711)年2月の初午の日にちなむ。社頭で参拝者に授与されている「しるしの杉」は商売繁盛・家内安全の御符として霊験がある。これは古くからの風習である。

4月20日頃の日曜　稲荷祭(神幸祭)

稲荷大神が年に一度、氏子区域を巡幸し、広くご神徳を垂れる大社最重要の祭儀。

5月3日　稲荷祭(還幸祭)

長久元(1040)年にはおこなわれていたとされる祭りで、30数台の供奉列奉賛列を従えた5基の神輿が、東寺の僧侶による神供を受けたのち、京都市内の氏子区域を巡行する。

11月8日　御神楽

古の鎮魂祭にもとづく神事で、一時中絶されたが、孝明天皇の文久3(1863)年に再興され、現在に至る。薄明かりのなかで、荘重古雅な「人長舞」が舞われる。

年中行事絵巻にみる稲荷祭
(伏見稲荷大社蔵)

稲荷祭の起源については、貞観年中(859〜877)という説や、延喜8(908)年にはじめておこなわれたという説など、諸説がある。稲荷祭の行列は平安時代になって新しく成立したもので、御神輿がお旅所へお出ましになる行事は、わが国においては古くから一般的なものであった。

出雲大社《いずもたいしゃ》
——大国主神をまつる神話の国の大社

多くの異名をもつ大国主神の物語

八雲《やくも》たつ出雲《いずも》の国は、神の国、神話の国として知られ、古くからの神々をまつる神社が数多くある。それらの神社の中心は出雲大社で、ここにまつられている神様が、大国主神《おおくにぬしのかみ》である。「大黒《だいこく》さま」の名で知られ、『古事記』によると、須佐之男命《すさのおのみこと》の六世の孫、『日本書紀』では御子《みこ》または七世の孫とも記される。

この神は、大穴牟遅神《おおなむじのかみ》、八千矛神《やちほこのかみ》、葦原色許男神《あしはらのしこおのかみ》、大物主神《おおものぬしのかみ》、宇都志国玉神《うつしくにたまのかみ》、国《くに》作大己貴神《つくりのおおなむちのかみ》など多くの異名をもつ。これは、神徳がいかに多く、また高いかを示すものである。もとは異なる神々を統合したためともいわれる。

また、因幡《いなば》の白兎《しろうさぎ》を助け、兄神たちのいじめによって二度殺され、そのたびに母神によって再生したことも注目される。地底の根《ね》の国にいき、須佐之男命から数々の試練を与えられたが、それらを乗り越え、須佐之男命の娘の須世理毘売《すせりびめ》を妻とした。さらに、少《すくな》彦名神《びこなのかみ》とともに国土開拓を進め、医薬、まじないなどの道を教えられた。葦原中国《あしはらのなかつくに》とよばれた日本の国造りを成し遂げたこと、そして天孫降臨《てんそんこうりん》にあたり、国土を奉還し、杵築《きつき》の地に隠れ、幽冥《かくりよ》を主宰する神となり、人が亡くなった後の霊魂が帰る世界をおさめ、後に出雲大社の祭神となった。

ここで前にふれた「因幡の白兎」の神話を見ると、鮫に皮をむかれて苦しんでいた白兎に、大国主神は傷を治す方法を教えて、白兎を救ったとある。これは、この神が医薬に通じ、病苦に苦しむ人を救う神であることを示している。

また、この神は多くの女神との間に子を設け、その数は『日本書紀』によると一八一柱とあり、この経歴から、古くから縁結びの神として信仰されてきた。また、中世以降は、大国と大黒との音が一致することから仏教の大黒天《だいこくてん》と習合し、「ダイコクさま」とよばれるようになる。その姿は打出《うちで》の小槌《こづち》と大きな袋を担いだ七福神の大黒さまと同神とされた。

巨大な神殿をもつ出雲大社

一般に「大社《おおやしろ》」といえば出雲大社をさすほど、古くから本殿の巨大なことで知られる。伊勢神宮の神明造《しんめいづくり》とともに大社造《たいしゃづくり》は古い様式を伝えており、その堂々とした威容を誇る本殿と、巨大な注連縄《しめなわ》が張られている拝殿は、まさに「おおやしろ」の名にふさわしい。

当社の由来は、「記紀」によるとおおよそ次のようである。大国主神は国造りの大事業を完成させると、邇邇芸命《ににぎのみこと》の天孫降臨にあたり、天照大御神《あまてらすおおみかみ》に国土を譲られた。これに天照大御神はいたく感激され、大国主神のために天日隅宮《あめのひすみのみや》をつくり、第二子である天穂《あめのほ》日命《ひのみこと》を大国主神に仕えさせた。この天日隅宮がいまの出雲大社で、天穂日命の子孫は代々「出雲国造《いずものくにのみやつこ》」と称し、出雲大社宮司《ぐうじ》の職に就くことになったとされる。

本殿は「大社造」といわれ、日本最大の規模を誇り、平安時代の記録によると、高さ一六丈（四八メートル）と伝えられている。これは東大寺の大仏（一五丈・四五メートル）や法隆寺《ほうりゅうじ》の五重塔より壮大であったということになる。現在は八丈（二四メートル）であるが、壮観な姿をいまも誇る。

旧暦一〇月のことを「神無月《かんなづき》」というが、これは全国の神々が出雲に集まり、留守になることからいわれたもの。一方、出雲では神々が集まるので「神在月《かみありづき》」とよんでいる。

神社資料 総本社：出雲大社（島根県出雲市大社町）／祭神：大国主大神／おもな祭り：大祭例（例祭）（5月14日～16日）・神幸祭（身逃神事）（8月14日）・神在祭（御忌祭）（旧暦10月10日～17日）・古伝新嘗祭（11月23日）

出雲大社の復元図

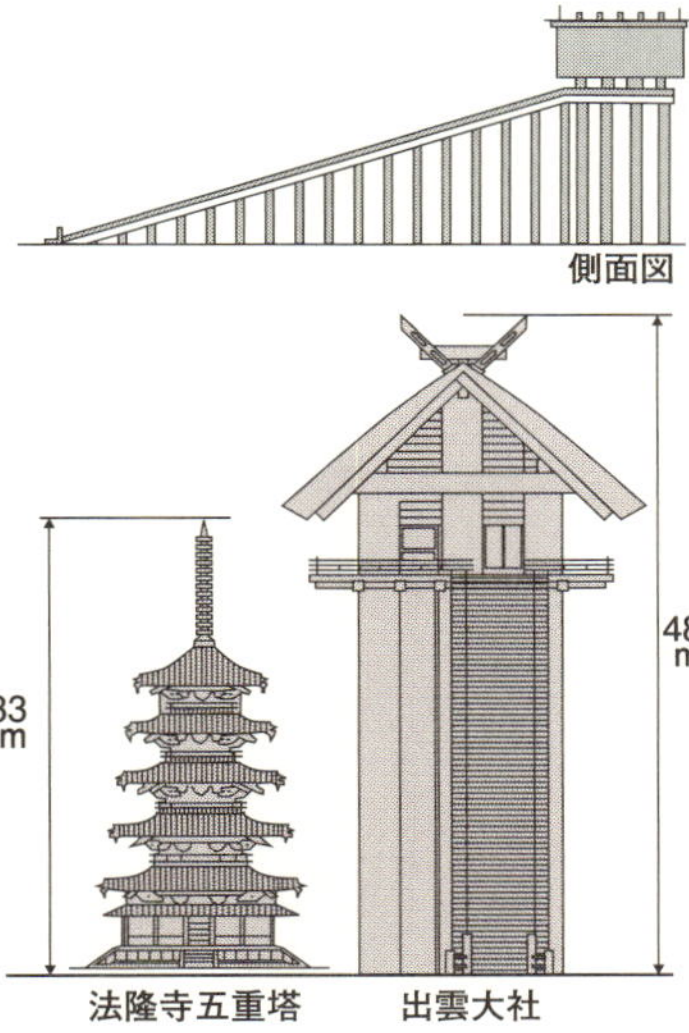

本殿の構造

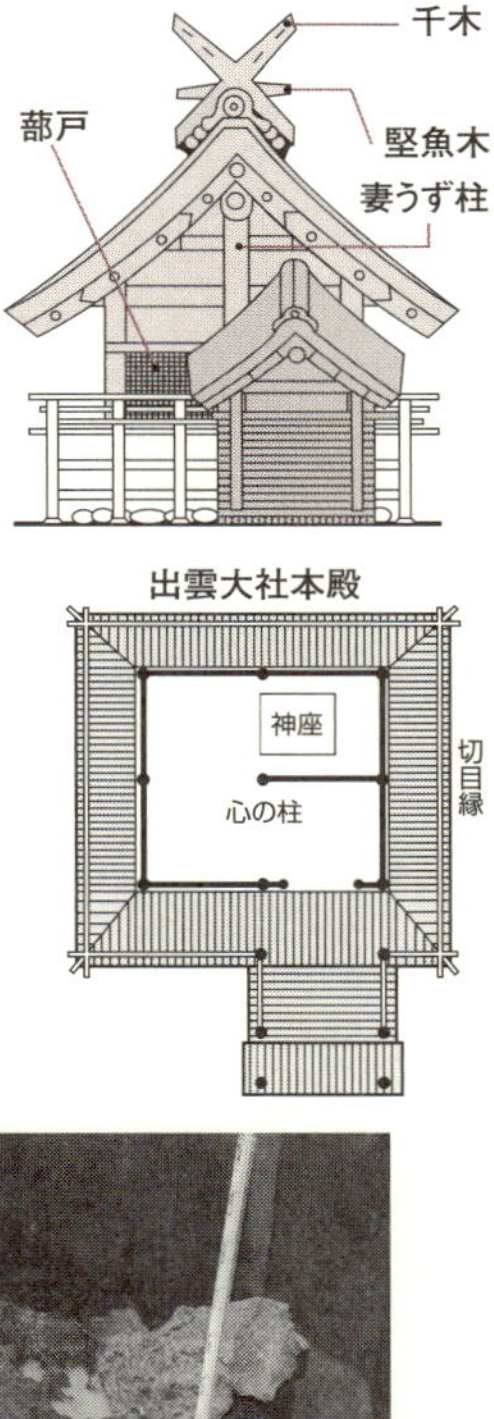

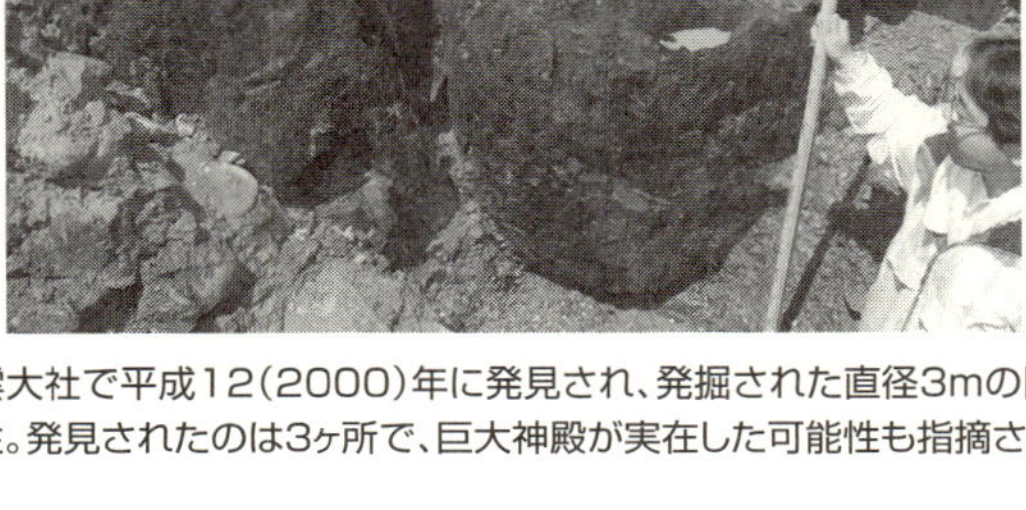

出雲大社で平成12(2000)年に発見され、発掘された直径3mの巨大な柱。発見されたのは3ヶ所で、巨大神殿が実在した可能性も指摘される。

春日大社《かすがたいしゃ》
―藤原氏とともに栄えた平城京の守護神

◎勧請された春日大社の四柱の神々

奈良市の御蓋《みかさ》山の麓にある春日大社《かすがたいしゃ》の祭神は、武甕槌命《たけみかづちのみこと》、経津主命《ふつぬしのみこと》、天児屋根命《あめのこやねのみこと》、比売神《ひめのかみ》の四柱で、いずれも藤原氏の氏神《うじがみ》である。武甕槌命は関東を中心に広がっている鹿《か》島《しま》神社の総本社である鹿島神宮の祭神で、奈良に春日大社が創建されたときに、藤原氏によって勧請《かんじょう》された。この神は天孫降臨に先立って、大国主神《おおくにぬしのかみ》から国を譲らせることに成功した。また経津主命は千葉県の香取《かとり》神宮から勧請された。『日本書紀』では、武甕槌命とともに大己貴神《おおなむちのかみ》のもとを訪れて国譲りを成功させた神で、剣の神、武道の神とされる。

つぎの天児屋根命と比売神は、大阪の枚岡《ひらおか》神社から勧請された。このうち天児屋命は藤原氏の祖神で、天照大御神《あまてらすおおみかみ》が天岩屋《あめのいわや》にこもられた際に、岩戸の前で祝詞《のりと》を読んだ。また天児屋根命は中臣《なかとみ》氏（藤原氏）の遠祖である。「中臣」とは神と人をとりもつという意味で、古代の朝廷の祭祀を掌《つかさど》っていた。

春日大社とその周辺図

御蓋山の山林部、飛火野の芝原を含む春日大社境内は約32万坪を誇る。若草山周辺には多くの鹿が生息しているが、これは武甕槌命が鹿に乗って鹿島よりやってきたことに由来する。

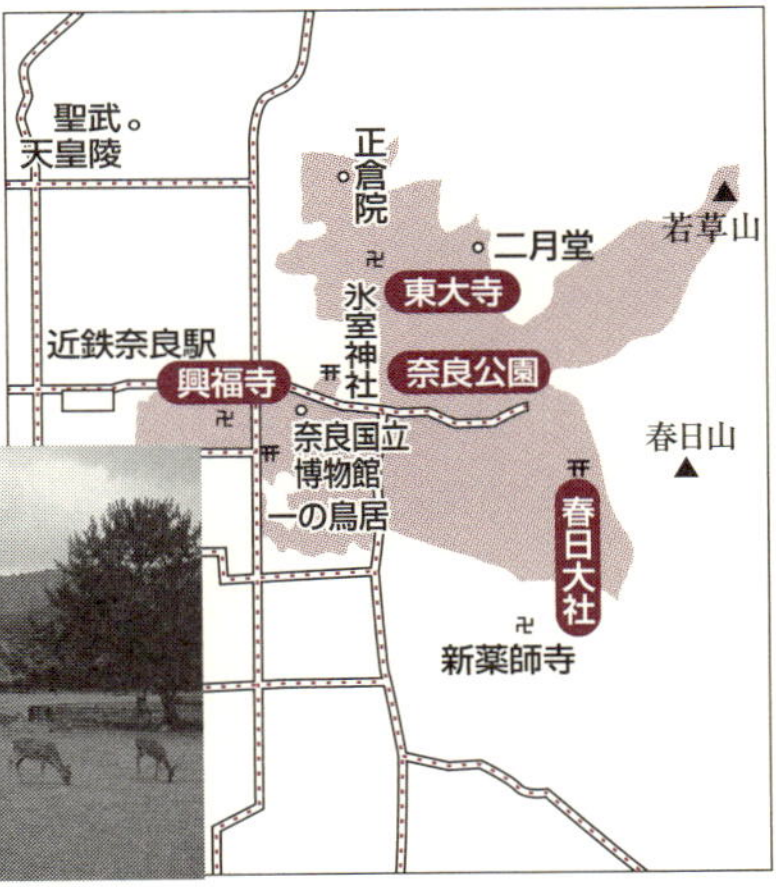

和銅三（七一〇）年、藤原不比等《ふじわらのふひと》が平城京を守護するため、鹿島神を春日の御蓋《みかさ》山に遷してまつったのが春日神社のはじまりで、ついで神護景雲《じんごけいうん》二（七六八）年、藤原永手《ふじわらのながて》が現在地に神殿を四宇造営した。藤原氏の興隆とともに栄え、春日祭は、石清水八幡宮《いわしみずはちまんぐう》の石清水祭、賀茂《かも》神社の葵《あおい》祭とともに三勅祭の一つとされた。また、伊勢、八幡とならぶわが国を代表する神社として崇敬されてきた。

神社資料

総本社：春日大社（奈良県奈良市春日野町）／**祭神**：武甕槌命・経津主命・天児屋根命・比売神／**おもな祭り**：春日祭（例祭）（3月13日）・御田植祭（3月15日）・若宮おん祭り（12月15～18日）

住吉大社《すみよしたいしゃ》

——航海の神様として崇められた住吉三神

遣唐使船にもまつられた底筒男命・中筒男命・上筒男命

大阪市住吉区に鎮座する住吉大社《すみよし》は、「すみよっさん」とよばれて親しまれてきた屈指の大社である。祭神は、底筒男命《そこつつのおのみこと》、中筒男命《なかつつのおのみこと》、上筒男命《うわつつのおのみこと》の三神。「記紀」によると、黄泉国《よみのくに》から脱出した伊耶那岐神《いざなきのかみ》が、筑紫《つくし》の日向《ひむか》の阿波岐原《あわぎはら》の小戸《おど》で禊《みそぎ》をしたときに、海底で生まれたのが底筒男命、海中で生まれたのが中筒男命、海面で生まれたのが上筒男命とある。古来この三神は「住吉神《すみのえのかみ》」の三神とよばれ、航海の神として崇められてきた。

またこの三神は、次のような託宣を下している。それは、神功皇后《じんぐうこうごう》の新羅《しらぎ》遠征では、凱旋し、大津の渟中倉《ぬなくら》の長峡《ながお》（現社地）に三神をまつるならば、航海の安全を守るという内容である。このようないきさつで皇后が、摂津国《せっつのくに》住吉の地に、これら三神をまつったのが当社の起源である。こうして三神は大和朝廷の航海守護の神として崇敬を集めるようになり、遣唐使《けんとうし》を派遣する際には丁重にまつられ、航海の安全が祈願された。

住吉の三神

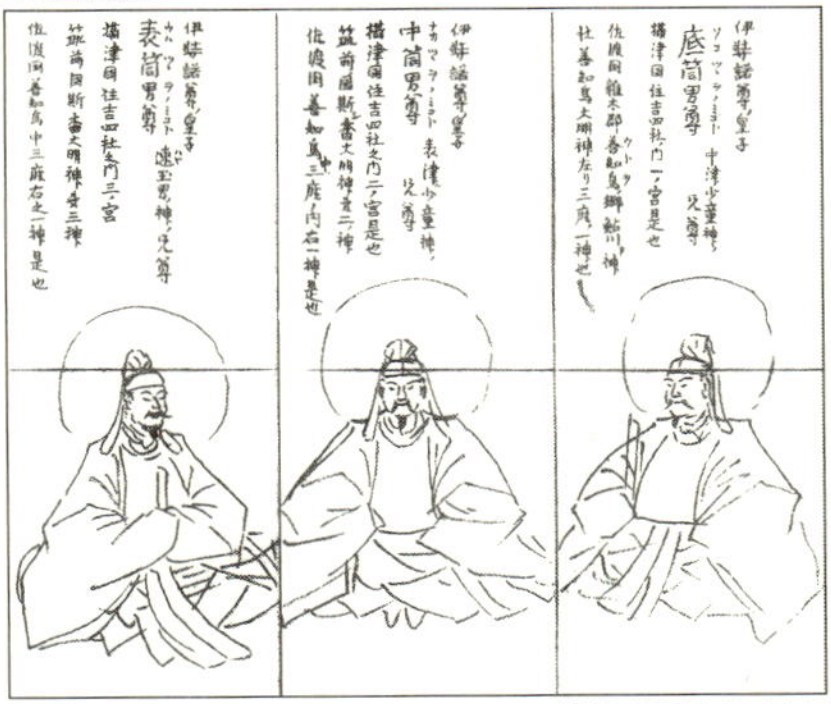

（『神仏図会』国立国会図書館蔵）

左から上筒之男命、中筒之男命、底筒之男命。『万葉集』には、遣唐使に贈る歌として、住吉大神に航海の安全を祈願した歌が残されている。住吉の地が古くから和歌と関係のあったことから、和歌の神ともいわれる。

雄略《ゆうりゃく》天皇の時代、息長足姫命《おきながたらしひめのみこと》（神功皇后）もあわせまつり、住吉四社大明神となった。大阪の総鎮守・総氏神であり、摂津国の一宮《いちのみや》である。また、二十二社に列せられるなど朝野からあつく崇敬された。

本殿は第一から第四本宮の四棟より成り、「住吉造《すみよしづくり》」といわれる建築様式である。第一から第三本宮までが縦に西（海）に面して並ぶ異例の社殿配置で、大海原をゆく船団の光景を彷彿《ほうふつ》とさせる。

神社資料

総本社：住吉大社（大阪府大阪市住吉区住吉）／**祭神**：底筒男命・中筒男命・表筒男命・神功皇后／**おもな祭り**：例大祭（例大祭、夏越祓神事）（7月31日～8月1日）

八坂神社《やさかじんじゃ》・津島神社《つしまじんじゃ》・氷川神社《ひかわじんじゃ》
――善悪両面の顔をもつ素戔嗚尊をまつる

八雲・須賀・天王などの各社でもまつられる神様

「祇園《ぎおん》さん」の愛称でよばれる京都市東山区の八坂《やさか》神社の祭神は、素戔嗚尊《すさのおのみこと》と櫛稲田姫《くしなだひめの》命《みこと》、八柱御子神《やはしらのみこがみ》である。

素戔嗚尊は、高天原《たかまのはら》で乱行に及んだが、出雲《いずも》では八岐大蛇《やまたのおろち》を退治した。このように悪神と善神の顔との両面をもつ神である。この相反する神格が人気を集め、この神をまつる神社は全国に数多く鎮座している。八坂、氷川《ひかわ》、八雲《やくも》、須賀《すが》、津島《つしま》、天王《てんのう》、素戔嗚などという社名をもつ神社の祭神となっている。疫病や災厄を退ける神だが、一方では、それらを流行させる神でもある。

神名の「スサ」は「激しく進む」との意。その神格が裏目に出て、高天原で乱暴狼藉《ろうぜき》をはたらいた素戔嗚尊は、追放されて出雲に降り立った。しかし、出雲では八岐大蛇を退治して櫛稲田姫命を助けた英雄神となった。『日本書紀』によると、全国に植林をした生命育成の神であるとも記している。また、櫛稲田姫命と結ばれたときに、「八雲《やくも》立《た》つ　出雲《いずも》八重垣《やえがき》　妻籠《つまご》みに　八重垣つくる　その八重垣を」という歌を詠んだ。これは日本の和歌のはじめとされる。このようなことから、文学上達や縁結びの神ともいわれる。

疫病除けの牛頭天王をたたえる祇園祭

八坂神社は社伝によると、斉明《さいめい》天皇二（六五六）年、高句麗《こうくり》の使い伊利之使主《いりしおみ》が来朝し、新羅《しらぎ》の牛頭《ごず》山の神・牛頭天王《ごずてんのう》（素戔嗚尊と同体）をこの地にまつったのが創祀と伝える。

平安遷都の延暦一三（七九四）年以前から、八坂神社のある東山一帯には、渡来人であった八坂造《やさかのみやつこ》の一族が住んでいた。伊利之は八坂造の祖で、八坂造は、「八坂の塔」で有名な法観寺《ほうかんじ》を建立した。また元慶《がんぎょう》年間（八七七〜八八五）に、摂政《せっしょう》・藤原基経《ふじわらのもとつね》がここに観慶寺をつくり、後に天神堂や感神院を建てたともされる。観慶寺の別名が祇園寺で、観慶寺は衰退し、祇園天神堂が崇敬を集め、祇園社（明治以降、八坂神社と改称）に発展した。

祇園社の祭神である素戔嗚尊は、インドの祇園精舎《ぎおんしょうじゃ》の守護神である牛頭天王とも、また、新羅の牛頭山の神で疫病除けの神とも同一視された。『日本書紀』に、素戔嗚尊は新羅のソシモリという地にいたと記されるが、ソシモリは牛頭または牛首を意味する。

このように祇園の神は、日本固有の神道とインドの仏教、中国の道教などの習合によって生まれた国際的な神なのである。

八坂神社の有名な祇園祭は、平安時代のはじめに、都に疫病が流行したので、素戔嗚尊に疫病除けの祈願をしたのが起源である。

疫病は当時、政治的に失脚して処刑された人びとの御霊《ごりょう》（怨霊）の祟《たた》りと考えられ、その御霊を鎮めるために貞観一一（八六九）年にはじめられた。

また、各地の津島神社・天王社も類似した信仰である。それらの総本社は愛知県津島市に鎮座する津島神社である。全国に津島・天王社系の神社は三千社を超えるといわれる。

つぎに氷川神社は総本社が埼玉県さいたま市大宮区の大宮氷川神社で、武蔵国《むさしのくに》の一宮である。氷川神社は関東の荒川を中心として二八七社を数える。ほかに須賀神社や八雲神社も全国に数多くあり、これらの神社はいずれも素戔嗚尊を主祭神とする祇園信仰の神社である。

神社資料 **総本社**：八坂神社（京都府京都市東山区）／**祭神**：素戔嗚尊・櫛稲田姫命・八柱御子神／**おもな祭り**：白朮《おけら》祭（1月1日）・節分祭（2月3日）・例大祭（6月15日）・祇園祭（7月1日〜31日）

蘇民将来《そみんしょうらい》と巨旦《こたん》将来

『備後国風土記《びんごのくにふどき》』逸文に、次のような伝承がある。

昔、武塔神《むたのかみ》（牛頭天王）が旅の途中、日が暮れてしまったため、大金持ちの巨旦の家に宿を乞うた。しかし、巨旦に断られてしまった。次に、その弟である蘇民の家の戸をたたき、宿を乞うたところ、貧しい蘇民は宿を貸してもてなした。

これにより、武塔神は怒って巨旦一家を皆殺しにし、蘇民には、疫病が流行したときには「蘇民将来の子孫」といえば必ず疫病から逃れられる、といい残して去っていった。現在の茅《ち》の輪《わ》くぐり神事の由来である。

この逸話より、疫病除けとして家々では「蘇民将来子孫の家」と墨書きして掲げたといわれる。つまり、ここに武塔神は素戔嗚尊であることが記されている。

八坂神社の本殿と舞殿

人々が疫病除けを願った神社は、全国に勧請された。

天満宮《てんまんぐう》・天神社《てんじんじゃ》・北野神社《きたのじんじゃ》

——学問の神として親しまれる菅原道真

太宰府天満宮と北野天満宮

「天神《てんじん》さん」とよばれて親しまれている北野天満宮《きたのてんまんぐう》は京都市上京区に鎮座し、主祭神は菅《すが》原《わら》道真《みちざね》公で、北野・天神・天満との社名がつく神社は全国に一万四四四一社余りあるという。

道真は承和《じょうわ》一二（八四五）年、学者の家に生まれ、幼少より学問や詩歌に優れ、長じて学者、政治家として才能を発揮した。六〇代醍醐《だいご》天皇のとき、右大臣に昇進したが、政敵の藤原時平《ふじわらのときひら》の讒言《ざんげん》で大宰府《だざいふ》へ左遷され、延喜《えんぎ》三（九〇三）年、無念のまま同地で没した。

道真の死後、京には日照《ひで》りや落雷が続き、醍醐天皇の皇子が次々に病死した。さらに清《せい》涼殿《りょうでん》に落雷し、多くの死傷者が出た。これらを道真の怨霊の祟《たた》りと恐れた朝廷は、天暦《てんりゃく》元（九四七）年、北野の地に天満宮を建立し祟りを鎮めようとした。もともと北野の地には火雷天神という地主神がまつられており、それと道真の怨霊とが結びつけられたのだ。

以後、道真を「天神様」として信仰する天神信仰が広まった。天神さんとしての道真は、

三天神

※菅原道真と関係の深い3つの天満宮。

太宰府天満宮

道真公の墓所のうえに社殿を造営し、その神霊を奉祀する神社で、「学問の神」「至誠の神」として人気を集めている。（福岡県太宰府市）

防府《ほうふ》天満宮

道真公をはじめ、天穂日命《あめのほひのみこと》、武夷鳥命《たけひなどりのみこと》、野見宿禰《のみのすくね》の四柱をまつる。延喜4（904）年創建という天満宮。（山口県防府市）

北野天満宮

道真公をまつった代表的な神社の一つで、永延元（987）年、一条天皇の勅《みことのり》により初めて勅祭が執り行なわれ「北野天満宮天神」の神号を得た。（京都府京都市）

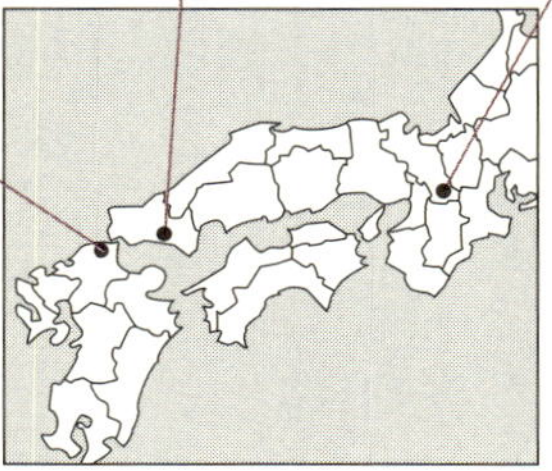

学問・和歌・正直・至誠・農耕・厄除《やくよ》けの神として崇敬され、とくに受験生に人気が高い。

一方、太宰府天満宮は、社伝によると、道真が配所の榎寺《えのきでら》で没し、遺骸を牛車《ぎっしゃ》に乗せて進んだところ、安楽寺《あんらくじ》の前で牛が伏して動かなくなった。これは道真の御心によるものと、その地に遺骸を葬った。その後、京より随従してきた味酒安行《うまさけのやすゆき》が延喜五（九〇五）年、ここに祠堂《しどう》を創建したのが起源とされる。

神社資料

おもな神社：太宰府天満宮（福岡県太宰府市宰府）・北野天満宮（京都府京都市上京区）／**祭神**：菅原道真公［太宰府天満宮］／**おもな祭り**：鷽《うそ》賛《か》え神事（1月7日）・神幸式大祭（9月21日～25日）、［北野天満宮］例祭（北野祭）（8月4日）

賀茂神社《かもじんじゃ》

——「葵祭」に代表される平安京の守り神

崇神天皇の御代に建立された平安京鎮護の神

京都の賀茂《かも》神社は賀茂《かも》御祖《みおや》神社（下鴨《しもがも》神社・下賀茂《しもがも》）と賀茂《かも》別雷《わけいかずち》神社（上賀茂神社・上賀茂）との総称である。この両社がまつる賀茂の神は、賀茂別雷神（上賀茂）とその母神である玉依媛命《たまよりひめのみこと》、そして外祖父神の賀茂《かも》建角身命《たけるのつぬみのみこと》（以上、下賀茂）をいう。

『山城国風土記』逸文によると、ある日のこと、玉依媛命が賀茂川で遊んでいると、上流から赤く塗られた丹塗矢《にぬりのや》が流れてきた。その矢を拾って家に持ち帰ると、その夜、丹塗矢が美しい男性となって、玉依媛命と結婚した。やがて玉依媛命は身ごもって男の子を生んだ。父親が誰かわからないままその子が成長したので、心配になった父の賀茂建角身命は宴を催し、その男の子に向かって「お前の父にこの酒を飲ませよ」といって盃をもたせたところ、その男の子は盃を天に向かって差し上げ、天に昇っていってしまった。

それでその男の子が雷神の子であることがわかり、賀茂別雷神と名づけられたという。

賀茂御祖神社（下鴨神社）

賀茂別雷神社（上賀茂神社）

両社を総称して「賀茂下上」という。五月一五日に両社でおこなわれる例祭は平安時代では「祭り」の代名詞とされ、江戸時代以降、「葵祭」とよばれる。

賀茂下上社の祭神の系譜

賀茂建角身命《かもたけるのつぬみのみこと》（下鴨社の祭神）＝伊可古夜日売《いかこやひめ》

玉依日子《たまよりひこ》（彦）（賀茂氏の祖）

玉依日売《たまよりひめ》（姫）（下鴨社の祭神）＝丹塗矢《にぬりのや》（雷神の化身）

賀茂別雷命《かもわけいかづちのみこと》（神）（上賀茂社の祭神）

そのようなことで賀茂別雷神は、雨、河川、落雷除け、電気産業の守護神として信仰を集め、母神の玉依媛命は縁結び、安産、育児の神として、また、賀茂建角身命は五穀豊穣、殖産興業などの神として崇拝されている。

創祀は両社とも崇神天皇の御代といわれ、平安遷都後は平安京鎮護の神とされた。もとは一つの神社であり、八世紀の中頃に下・上社に分立したとの説もある。

神社資料

【賀茂神社】**総本社**：賀茂御祖神社（京都市左京区下鴨泉川町）・賀茂別雷神社（京都市北区上賀茂本山）／**祭神**：玉依媛命・賀茂建角身命（下賀茂）・賀茂別雷神（上賀茂）／**おもな祭り**：賀茂祭（葵祭）（5月15日）

熱田神宮《あつたじんぐう》——草薙剣を御神体とする由緒ある大社

尾張の開拓の祖神である建稲種命と宮簀媛命

名古屋市熱田区の熱田神宮《あつたじんぐう》は、熱田大神《あつたのおおかみ》を主神とし、相殿に天照大神《あまてらすおおみかみ》、素戔嗚尊《すさのおのみこと》、日本武尊《やまとたけるのみこと》、宮簀媛命《みやすひめのみこと》、建稲種命《たけいなだねのみこと》をまつる。三種の神器《じんぎ》の一つの草薙剣《くさなぎのつるぎ》を御神体《ごしんたい》とする。

主神の熱田大神は、草薙剣を御神体とする天照大御神のことであるが、日本武尊とする説も根強い。神話によると、草薙剣は、素戔嗚尊が八岐大蛇《やまたのおろち》を退治したとき、尾のなかから出たと伝わる剣で、はじめは「天叢雲剣《あめのむらくものつるぎ》」とよばれた。この剣は、天照大神に献上され、天孫降臨の際に瓊瓊芸命《ににぎのみこと》に授けられ地上に降った。一二代景行《けいこう》天皇のとき、日本武尊に贈られ、日本武尊が東征の折、これで相模国《さがみのくに》で草を薙《な》ぎはらって賊を平らげたことから「草薙剣」と称されるようになった。

日本武尊は、建稲種命を副将に従えて東国平定をなしとげた後、尾張国造《おわりのくにのみやつこ》家に立ち寄り、その娘の宮簀媛命を妃とし、伊吹山の賊を討伐に出かけたが、病を得て亡くなった。

そこで宮簀媛命は残された草薙剣を、尾張氏が祭場としていた熱田の地にまつった。これが熱田神宮の創祀とされている。このため伊勢につぐ権威ある神社として発展し、名神《みょうじん》大社《たいしゃ》（『延喜式神名帳』に記された神社のうち、由緒正しい三一〇座のこと）・勅祭社に列せられ、朝廷から特別の取り扱いを受けた。以後、武家の信仰もあつく、足利、織田、豊臣、徳川の諸氏は社殿造営などに尽力した。二〇〇〇年におよぶ歴史をもち、現在も皇室から庶民に至る多くの崇敬を集めている。

熱田神宮古絵図（熱田神宮蔵）

権宮司家（祝師）であった田島家に伝来したもの。本宮部分を欠き、海上門より以南の神宮寺や八剣宮辺りを描いた部分が遺る。

神社資料

総本社：熱田神宮（愛知県名古屋市熱田区神宮）／**祭神**：熱田大神／**おもな祭り**：世様《よだめし》神事（1月7日）・踏歌神事（1月11日）・祈年祭（3月17日）・熱田祭（6月5日）・新嘗祭（10月17日）

香取神宮《かとりじんぐう》・鹿島神宮《かしまじんぐう》
―勇猛な武神、経津主神と武甕槌神

国譲りを成功に導いた経津主神と武甕槌神

香取神宮《かとりじんぐう》と鹿島神宮《かしまじんぐう》は、利根川《とねがわ》河口に開ける水郷《すいごう》地帯に鎮座している。香取神宮の祭神は経津主大神《ふつぬしのおおかみ》、鹿島神宮の祭神は武甕槌大神《たけみかづちのおおかみ》で、ともにわが国を代表する軍神、剣神として信仰されてきた。

『日本書紀』によると、経津主神は天照大神《あまてらすおおみかみ》の命を受け武甕槌神とともに出雲に降り、大国主神《おおくにぬしのかみ》と交渉し、国譲りを成功させたとある。

そもそもこの両神は深い関係にあり、共通する部分も多い。武甕槌神は『日本書紀』の表記で、『古事記』では「建御雷男神」とある。別名を「建布都《たけふつ》・豊布都《とよふつ》」といい、ともに「フツ」を名に負う。

また、経津主神・武甕槌神とも、霊剣「布都御魂《ふつのみたま》」の神霊といわれている。両神が、同じ剣の神霊で別の神格をもつという背景には、経津主神をまつる物部《もののべ》氏と、武甕槌神をま

経津主神

（『神仏図会』国立国会図書館蔵）

経津主神をまつる香取神宮。

武甕槌神をまつる鹿島神宮。

香取神宮・鹿島神宮の周辺図

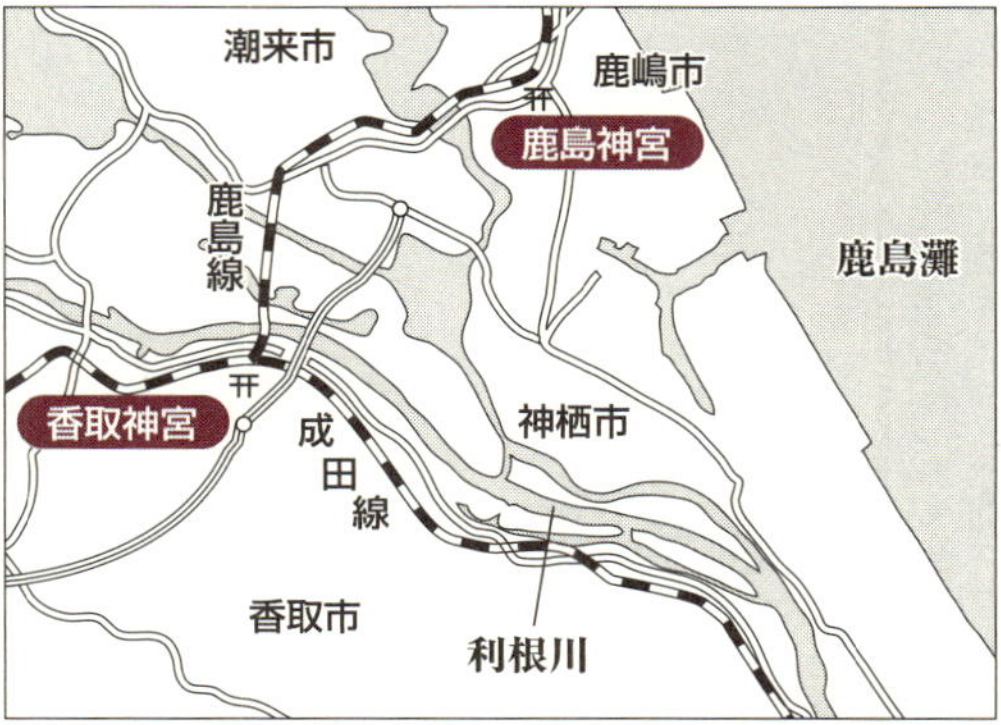

香取神宮と鹿島神宮は利根川を隔てて鎮座している。香取神宮には経津主神、鹿島神宮には武甕槌神をまつる。なお、鹿島神宮には地震除けの要石があるが、それは香取神宮にも同様に存在し、地震を起こす地中の大鯰《おおなまず》を押さえつけているとされることから、この地方には地震が起こらないといわれている。

つる中臣《なかとみ》氏の対抗関係があるという指摘もある。

なお、国譲り神話によれば武甕槌神は、稲佐浜《いなさのはま》でこの剣を突き立てて国譲りを成功させ、神武東征《じんむとうせい》では自らの分身として霊剣を天皇に授けて助けたと伝えられる。

香取神宮の創建は、神武天皇一八年と伝えられ、平安時代には、東国の海夫《かいふ》を管理したとされている。

楫取《かじとり》の神ということから、航海安全の神としても名高い。

下総国《しもうさのくに》の一宮で、産業・海上守護・安産などの守護神として一般からあつく信仰されている。

鹿島神社は、社伝によれば、神武天皇元（前六六〇）年の創建で、大神が神武東征を助けた神恩に感謝して、天皇が鹿島にまつったという常陸国《ひたちのくに》の一宮。地震鯰の上に乗った姿で描かれるなど、地震の守護神としても有名である。両神を奉祀《ほうし》する神社は全国に二五〇〇余社もあり、神徳の高さを示している。

神社資料

【香取神宮】 **総本社**：香取神宮（千葉県香取市香取）／**祭神**：経津主大神／**おもな祭り**：例祭・神幸祭（4月14～15日）・大饗祭（11月30日）・式年神幸祭（午年の4月14～16日）**【鹿島神宮】** **総本社**：鹿島神宮（茨城県鹿嶋市宮中）／**祭神**：武甕槌大神／**おもな祭り**：祭頭祭（3月9日）・神幸祭（9月1日）・御船祭（午年の9月1～3日）

熊野神社《くまのじんじゃ》

―天皇・貴族・庶民も詣でた「熊野三山」

神武天皇の東征と那智大瀧の神話

紀伊国《きいのくに》（和歌山県）にある熊野本宮大社《くまのほんぐうたいしゃ》（本宮）、熊野速玉《はやたま》大社（新宮）、熊野那智《なち》大社（那智）の三社を総称して「熊野三山」「熊野三所権現《ごんげん》社」などとよび、これらは熊野信仰の中心地となっている。このうち本宮は家津《けっ》美御子大神《みみこのおおかみ》、新宮は熊野速玉大神、那智は熊野夫須美大神《ふすみのおおかみ》を主神とし、ほかに十二所権現ないしは十三所権現をまつる。

主祭神の三神は、本宮、新宮、那智の三社のいずれにもまつられ、この三神を「熊野三所権現」とよぶ。三神は記紀には登場しないが、家津美御子大神は素戔嗚尊《すさのおのみこと》であり、速

那智大瀧

瀧の上には注連縄が張られ、年に2度張り替えられる。

玉大神は伊弉諾尊《いざなきのみこと》、夫須美大神は伊弉冉尊《いざなみのみこと》のことであるとされる。

また速玉大神は、『日本書紀』によれば、伊弉諾尊と伊弉冉尊とが離婚しようとしたとき、吐いた唾から生まれた速玉之男《はやたまのお》と同一神ともいわれている。

さて、最初の本宮は、第一〇代崇神《すじん》天皇六五年に、三神が月になって熊野の大斎原《おおゆのはら》に降臨されたので社殿を造営したのが創祀と伝えている。

つぎの新宮は社伝によれば一二代景行《けいこう》天皇五八年に、三神が最初に降臨された神倉山《かみくらやま》から現在の鎮座地に遷《うつ》り、これにより神倉山の旧宮に対して新宮と号したとある。

そして那智は社伝に、神武天皇が大和に入られたとき、那智の海岸に上陸し、大瀧を探り当てて神としてまつったとある。この地では、古代より那智の大瀧を神として崇《あが》め、大《おお》己貴命《なむちのみこと》と伊弉冉尊をまつるといい、仁徳《にんとく》天皇五年に現在地へ遷祀したとされる。

平安中期より上皇、天皇、貴族から庶民に至るまで熊野詣《もうで》が流行し、現在も全国的に信仰を集めている。

神社資料　**総本社**：熊野本宮大社（和歌山県田辺市）・熊野速玉大社（和歌山県新宮市）・熊野那智大社（和歌山県東牟婁郡那智勝浦町）／**祭神**：［本宮］家津美御子大神・［速玉］熊野速玉大神・［那智］熊野夫須美大神／**おもな祭り**：［本宮］例大祭（4月13日～15日）・［速玉］例大祭（10月15日～16日）・［那智］例大祭（7月14日）

熊野古道とおもな王子たち

熊野本宮大社（本社社殿）

右から第一殿、第二殿とつづき、第六殿まである。

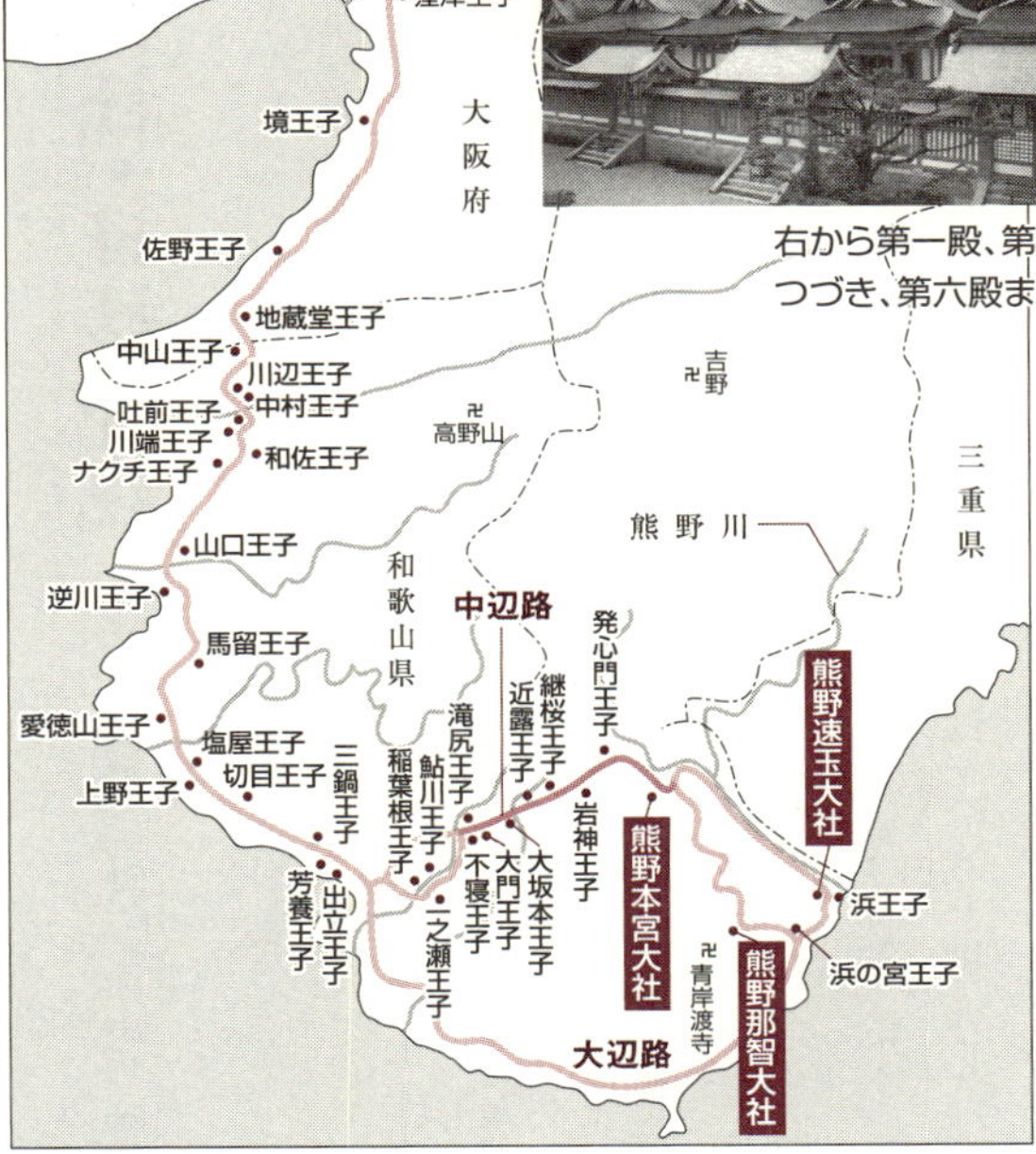

熊野那智大社

熊野速玉大社

日吉神社《ひよしじんじゃ》・日枝神社《ひえじんじゃ》

——比叡山の山神・大山咋神と山王信仰

王城と天台宗を守護する山王権現

全国の日吉《ひよし》・日枝《ひえ》神社などに対する信仰を山王《さんのう》信仰といい、その総本社は比叡山延暦寺《ひえいざんえんりゃくじ》の門前町・坂本に鎮座する日吉大社である。同社の東本宮は大山咋神《おおやまくいのかみ》を、西本宮は大己貴神《おおなむちのかみ》（大国主神《おおくにぬしのかみ》）をまつる。

東本宮の大山咋神は、古来より比叡山の山神であり、日吉大社の地主神であった。西本宮の大己貴神は、大和の三輪山《みわやま》の神を大津京へ遷座するにあたり、同地に勧請《かんじょう》し、国家鎮護の神としてまつったものと伝えられている。

日吉大社は東西二社に、聖真子社《しょうしんししゃ》を加えて「山王三聖」と称し、さらにこれらを中心に山王二十一社、そして境内社《けいだいしゃ》に一〇八、境外社《けいがいしゃ》一〇八と拡大した。平安京に都が遷ると、都の表鬼門《おもてきもん》にあたることから、方除《かたよ》け、国家鎮護の神として崇敬を集めた。

最澄が比叡山に延暦寺を建立するにあたり、天台宗の鎮守神としてまつられ、仏教とも

日枝神社（東京都千代田区永田町）

東京の永田町に鎮座する日枝神社は、江戸築城に際し、太田道灌が川越より日吉社を江戸氏の館跡に勧請したのがはじまりといわれ、後に現在地に遷祀され、江戸の鎮護神として信仰されてきた。

大山咋神の系譜

須佐之男命《すさのおのみこと》 ― 大年神《おおとしのかみ》

大年神の子：大国御魂神《おおくにみたまのかみ》、御年神《みとしのかみ》、**大山咋神**《おおやまくいのかみ》

大山咋神の子：別雷神《わけいかづちのかみ》

深い関係をもつに至り、神仏習合思想の根拠地になった。また、「山王権現」と称され、全国各地に勧請された。

各地の山王社には神使《しんし》（つかわしめ）の猿がまつられている。猿は日吉神社の神の使いである。語呂合わせになるが、猿を「マサル」ともよび、「魔《ま》が去《さ》る」「勝《まさ》る」ということで猿の縁起物は魔除けや開運のご利益があるとして人気が高い。

神社資料

総本社：日吉大社（滋賀県大津市坂本）・日枝神社（東京都千代田区）／**祭神**：〔日吉〕大己貴神（西本宮）・大山咋神（東本宮）〔日枝〕大山咋神／**おもな祭り**：〔日吉〕山王祭（4月14日）・みたらし祭（7月28日〜29日）、〔日枝〕山王まつり（6月7日〜16日）

宗像大社《むなかたたいしゃ》・厳島神社《いつくしまじんじゃ》
――天照大御神から生まれた「宗像三女神」

◎天照大御神と素戔嗚命の誓約のもとに生まれた三女神

福岡県宗像市《むなかた》に鎮座する宗像大社の祭神は、宗像三女神。玄界灘《げんかいなだ》のほぼ中央に位置する沖ノ島の沖津宮に田心姫神《たごりひめのかみ》、海上一二キロにある大島の中津宮に湍津姫神《たぎつひめのかみ》、玄海町田島の辺津宮《へつ》に市杵島姫神《いちきしまひめのかみ》がまつられ、これらの三宮を総称して宗像大社という。この宗像三女神をまつる神社は全国に六〇〇〇余社あるといわれ、宗像大社はその総本社である。

『日本書紀』によると、素戔嗚命が身の潔白を証明するために天照大神《あまてらすおおみかみ》と誓約《うけい》をしたとき、大神が素戔嗚命の剣を噛み砕いて吹き出した息吹のなかから生まれたとある。大神はこの三女神に、玄界灘に降臨し、この海域の守護をして天孫のまつりごとを助けるよう命じ、さらに天孫が三女神を祭祀することを約束し、それぞれこの三宮に鎮座したと伝える。

この宗像三神はもともと北九州地方の鎮護と大陸交流の海路を守る神として信仰され、神功皇后《じんぐうこうごう》の三韓出兵を守護し、遣唐使などの航海の安全も守護してきた。

宗像三女神

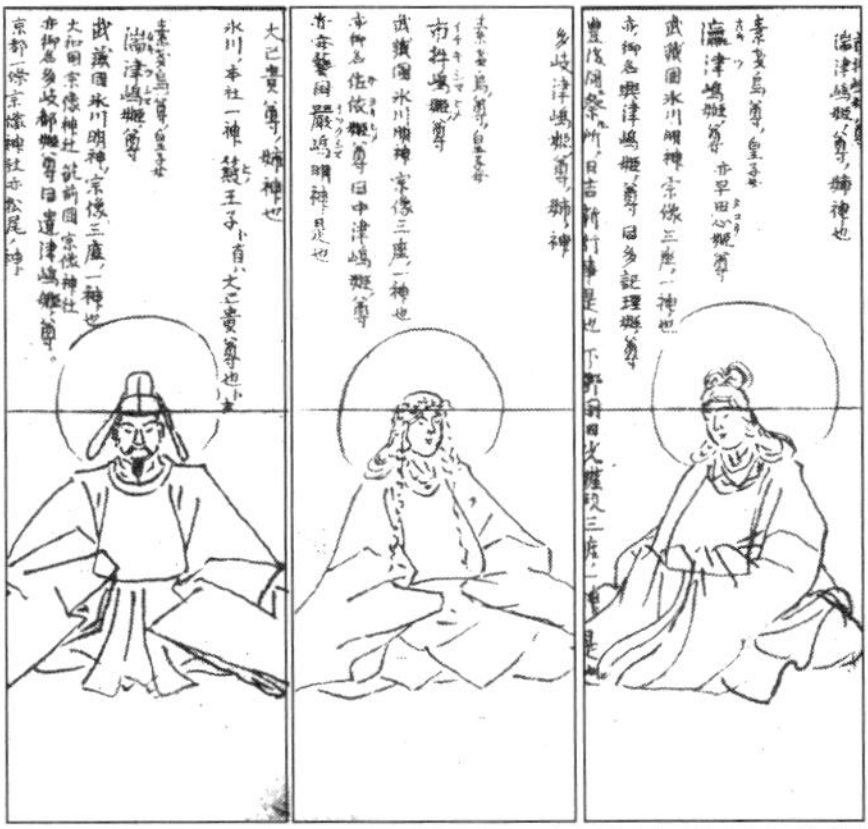
（『神仏図会』国立国会図書館蔵）

左から、中津宮の湍津姫神（多岐都比売命）、辺津宮の市杵島姫神（市寸島比売命）、沖津宮の田心姫神（多紀理毘売命）。市杵島姫は三女神のなかでもとりわけ美人とされ、仏教の弁才天と同神とされた。また民間信仰では七福神のメンバーとしても篤い信仰を集めている。

なかでも沖津宮がある沖ノ島は、昔から神聖な島として入ることを禁じてきたが、昭和二九（一九五四）年以来の学術調査により、この島から古代祭祀の宝物や遺物が大量に発見され、別名「海の正倉院《しょうそういん》」ともよばれる。

宗像三女神をまつる厳島《いつくしま》神社も全国に多く、その中心が広島の宮島に鎮座する厳島神社である。創建は推古天皇元（五九三）年といわれ、平家一門の氏神として崇敬を受けた。

神社資料

総本社：宗像大社（福岡県宗像市田島）・厳島神社（広島県廿日市市）／**祭神**：［宗像］田心姫神・湍津姫神・市杵島姫神、［厳島］市杵島姫命・田心姫命・湍津姫命／**おもな祭り**：［宗像］秋季大祭（放生会など。10月1日〜3日）、［厳島］例祭（6月17日）

諏《す》訪《わ》大《たい》社《しゃ》
―諏訪の地に隠棲した建御名方神

御柱祭や諏訪湖の御神渡《おみわた》りでその名が知られる諏訪

諏訪湖《すわこ》の南に上社（本宮《ほんみや》、前宮《まえみや》）、北に下社（春宮、秋宮）と四か所にわかれて鎮座する諏訪大社の主祭神は建御名方神《たけみなかたのかみ》とその后神の八坂刀売神《やさかとめのかみ》で、建御名方神の兄神の事代《ことしろ》主神《ぬしのかみ》を相殿にまつっている。建御名方神は、『古事記』によると大国主神《おおくにぬしのかみ》の御子で、国譲りの際に承服せず、天照大御神《あまてらすおおみかみ》の使者である建御雷之男神《たけみかづちのおのかみ》と力比べの対決をして敗れて諏訪湖まで逃げてきた。そこで二度と諏訪の外には出ないと服従を誓い、この地に隠棲した。諏訪大社の縁起を記した『諏訪大明神画詞《えことば》』には、建御名方神がこの地にきて、土着の地主神や諏訪湖の竜神などの神々を退けて鎮座したとある。

古来より武勇の神、軍神として仰がれ、神功皇后《じんぐうこうごう》が三韓へ赴いた際や坂上田村麻呂《さかのうえのたむらまろ》の東国平定に神威をあらわしたとされる。鎌倉時代以降は源頼朝《みなもとのよりとも》をはじめ、北条、足利、武田、徳川などの武家が武運や国家安泰を祈願した。もとは山の神、風の神、水源の神で

御柱祭

七年目ごとの寅と申の年におこなわれる式年造営御柱大祭は俗に「御柱祭」とよばれ、山林から一六本の巨木を曳き出し、山川野を越えて神社の四隅に建てる勇壮な祭りである。

諏訪大明神

（『神仏図会』国立国会図書館蔵）

もあり、狩猟や農耕の守護神ともいわれる。一方、后神の八坂刀売神は神話には登場せず、神名の「八坂」は坂の多いさまを意味することから、山が多い諏訪の土着の神ともいわれる。

諏訪大社は、諏訪湖の南北に二社ずつ都合四社より構成されるという特殊な形態で、祭祀も特徴的である。分社は全国に一万有余社を数え、「お諏訪さま」と親しまれている。

神社資料

総本社：諏訪大社上社（本宮：長野県諏訪市、前宮：茅野市）・下社（春宮・秋宮：諏訪郡下諏訪町）／**祭神**：建御名方神・八坂刀売神・事代主神（下社）／**おもな祭り**：式年造営御柱大祭（寅・申年の4月～5月）・御頭祭（上社例大祭。4月15日）・お舟祭（下社例大祭。8月1日）

金刀比羅宮《ことひらぐう》——インドの神様と習合した「金毘羅大権現」

◎漁業や航海の守護神である「金毘羅さん」

「金毘羅《こんぴら》さん」の名で親しまれている金刀比羅宮《ことひらぐう》は、讃岐《さぬき》（香川県）の琴平山（象頭山《ぞうずさん》）の中腹に鎮座し、主祭神に大物主神《おおものぬしのかみ》、相殿に崇徳《すとく》天皇をまつっている。

大物主神は、大国主神《おおくにぬしのかみ》の和魂《にぎみたま》（神霊の穏やかな側面）といわれ、農業殖産、漁業航海、医薬、技芸など、その神徳は広く大きい。

古伝によると、大物主神は瀬戸内海の東西の潮流が離合し、深く入りくんだ湾の奥にある琴平山に宮を営み、中国、四国、九州地方を統治されたとある。

海の神として、航海や船舶の守護神として、昔から漁業関係者や航海に関わる人びとにあつく信仰されてきた。

現在の金刀比羅宮の社名は「金比羅」「琴平」「金毘羅」などとも表記され、全国に分社がある。インドのガンジス川の守護神クンピーラと音が通ずることから、この神と同神と

金刀比羅宮(本宮)

相殿の崇徳天皇は、第七五代の天皇で保元の乱に際し、讃岐国松山に遷られた。その後、当宮を深く崇敬された縁から相殿にまつられたといわれる。

金比羅大権現

(『神仏図会』国立国会図書館蔵)

された。クンピーラは、仏教の薬師如来を守護する十二神将の一神で「宮毘羅《くびら》」とも表記し、ワニや竜蛇の姿をしている。

こうして金刀比羅宮の神は仏教と習合し、「金毘羅大権現」と称された。そのようなことで一般には「金毘羅さん」とよばれて信仰された。とくに江戸時代には、海上安全、大漁を祈願する漁師や船乗りをはじめ、広く民衆の信仰を集めた。大坂と丸亀《まるがめ》を往復し、金毘羅に参詣する客を輸送した金毘羅船もさかんに運航された。

神社資料
総本社：金刀比羅宮（香川県仲多度郡琴平町）／**祭神**：大物主神／**おもな祭り**：祈年祭（2月17日）・例祭（10月9日〜11日）

三嶋大社《みしまたいしゃ》——源頼朝が平氏打倒を祈願した「三嶋大明神」

火山神としての神格も備える大山祇命

伊豆の三島市に鎮座する三嶋大社《みしまたいしゃ》は、古くより「三嶋大明神」と称えられ、伊豆国《いずのくに》の一宮《いちのみや》である。この三嶋大社の祭神は、大山祇命《おおやまつみのみこと》と事代主神《ことしろぬしのかみ》の二神で、これらを「三嶋大神」と総称している。『古事記』によると、大山祇命は伊耶那岐神《いざなきのかみ》と伊耶那美神《いざなみのかみ》が神生みをされたときに生まれた山の神とされ、林業、農産はじめ殖産の神、衣食住の守護神として信仰を集めている。また、岩の神の石長比売命《いわながひめのみこと》と、富士山の神の木花之佐久夜毘売《このはなのさくやびめの》命《みこと》の父神である。山の神であり、同時に海の神の性格もあわせもっている。なお、「三島《みしま》」は「御島《みしま》」で、火山により、伊豆の島々を造成・開発した火山神でもある。

事代主神は、『古事記』によると、大国主神《おおくにぬしのかみ》の御子で、国譲り神話では父神の大国主神に任《まか》せられて、国譲りを決めたという。

俗に「恵比須《えびす》さま」ともいわれ、航海、漁業の守護神として沿岸の漁民たちの信仰を集

三嶋大社（社殿）

伊豆の三嶋大社の大山祇命も、伊予国の大山祇神社から勧請したとの説もあるが創祀は未詳である。

恵比寿

（『神仏図会』国立国会図書館蔵）

め、商売繁盛の神としても信仰されている。

なお、大山祇神をまつる神社は、三嶋大社のほかに愛媛県大三島町の大山祇神社があり、当社も三嶋信仰の総本社として全国に分社が広がっている。

中世以降は武士の崇敬があつく、伊豆に流された源頼朝がこの三嶋神に平氏打倒の祈願をした。頼朝は三嶋神の加護によって平家を倒し、鎌倉幕府を開くことができたと伝えられる。

神社資料 **総本社**：三嶋大社（静岡県三島市大宮町）／**祭神**：三嶋大明神（大山祇命・事代主神）／**おもな祭り**：節分祭（追儺祭・鳴弦式など。2月3日）・例祭（8月15日～17日）

秋葉《あきば》神社《じんじゃ》・愛宕《あたご》神社《じんじゃ》

——火を司る神として崇められた火之迦具土神

火の神を産んで亡くなった伊耶那美神

　静岡県春野町に鎮座する秋葉《あきば》山本宮《さんほんぐう》秋葉神社は、赤石山脈の最南端天竜川の上流に位置する秋葉山を御神体としている。主祭神は火之迦具土大神《ひのかぐつちのおおかみ》で、文字通り火の神である。『古事記』には、伊耶那岐神《いざなきのかみ》と伊耶那美神《いざなみのかみ》の間に生まれた神で、そのとき母神の伊耶那美神は女陰を焼いて死んでしまう。それを怒った伊耶那岐神は剣で、御子の火之迦具土神の首を斬り落としたと記してある。火の神である迦具土大神は鍛冶、焼き物、金属精錬業、料理などの守護神として崇拝され、また防火、防災、火難除けなどの神徳があるとされている。

　秋葉神社の社殿が創建したのは、和銅二（七〇九）年と伝えるが、未詳。近世に、曹洞《そうとう》宗の秋葉寺が別当《べっとう》として一山を支配した。神仏習合の影響を受け、「秋葉大権現」と仏教的な神号でよばれたが、明治維新の神仏分離で権現号は外され、秋葉神社と改称した。

　秋葉神社とともに、火伏《ひぶ》せの神として有名なのは、京都の愛宕神社《あたごじんじゃ》である。火の神をま

愛宕神社
（京都府京都市右京区）

早くより神仏習合の山として、とくに修験道の霊場として知られ、愛宕山白雲寺として栄えたが、明治の神仏分離により白雲寺を廃して愛宕神社となった。

伊耶那岐神と伊耶那美神が生んだ神々

伊耶那岐神《いざなきのかみ》
‖
伊耶那美神《いざなみのかみ》

- 水蛭子神《ひるこのかみ》
- 大綿津見神《おおわたつみのかみ》（海の神）
- 速秋津日子神《はやあきつひこのかみ》（河口の神）
- 速秋津比売神《はやあきつひめのかみ》（河口の神）
- 志那都比古神《しなつひこのかみ》（風の神）
- 久久能智神《くくのちのかみ》（木の神）
- 大山津見神《おおやまつみのかみ》（山の神）
- 大宜都比売神《おおげつひめのかみ》（食物の神）
- **火之迦具土神《ひのかぐつちのかみ》（火の神）**

つる秋葉神社に対して、こちらは、火の神に焼かれた伊弉冉尊《いざなみのみこと》を主祭神とし、相殿に稚《わく》産霊神《むすひのかみ》、埴山姫命《はにやまひめのみこと》、天熊人命《あめのくまひとのみこと》、豊宇気毘売《とようけびめの》神《かみ》をまつる。この愛宕神社の創祀年は不明だが、古伝によると、天応元（七八一）年、慶《けい》俊《しゅん》が愛宕郡鷹峰から現在地に遷したと伝える。全国に分社は約八〇〇社あり、火伏せのほか五穀豊穣、軍《いくさ》の神としても信仰され、現在も登山者でにぎわっている。

神社資料
【秋葉神社】**総本社**：秋葉山本宮秋葉神社（静岡県浜松市天竜区春野町）／**祭神**：火之迦具土大神／**おもな祭り**：例祭（秋葉の火祭り。12月16日）【愛宕神社】**総本社**：愛宕神社（京都府京都市右京区嵯峨愛宕町）／**祭神**：伊弉冉尊／**おもな祭り**：千日通夜祭（7月31日～8月1日）

浅間神社《せんげんじんじゃ》
——富士の山霊を鎮めた姫神の水徳

木花之佐久夜毘売命は安産・水徳の神

日本一の霊山である富士を神として崇《あが》めるのが富士宮市に鎮座する富士山本宮浅間大社《ふじさんほんぐうせんげんたいしゃ》である。当社は全国に一千三百余社まつられる浅間神社の総本社である。

この浅間神社の主祭神は、木花之佐久夜毘売命《このはなのさくやびめのみこと》である。この神は、記紀によれば、山の神である大山祇神《おおやまつみのかみ》の娘で、名のとおり、桜の花のように大変美しい女神で、高天原《たかまのはら》から天降った天孫邇邇芸命《ににぎのみこと》は一目惚れして后とされた。

ところが木花之佐久夜毘売命は、たった一夜の契《ちぎ》りで懐妊されたため、貞節を疑われることになる。そこで潔白を証明するための誓約《うけい》をおこなった。それは出口のない産屋にこもり、まわりに火を放ち、燃えさかる炎のなかで無事三人の皇子を出産するというもので、その結果、この姫神の身の潔白が証明された。

こうした伝説からこの女神は、安産、水徳、火難消除、農業、漁業、航海、子宝、子育

富士山本宮浅間大社（社殿）

大同元（八〇六）年、坂上田村麻呂が五一代平城天皇の勅を受けて、現在地に壮大な社殿を造営し、山宮から遷座したと伝えられている。また、日本武尊が駿河国で賊徒の野火の災に遭ったとき、浅間大神に祈念して賊徒を征服したとも伝える。

木花之佐久夜毘売　大山祇神

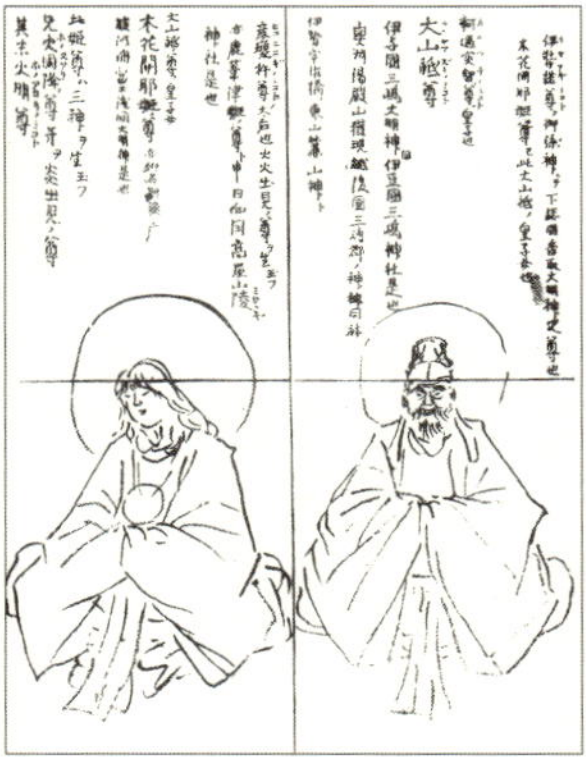

（『神仏図会』国立国会図書館蔵）

ての守護神として信仰を集めてきた。

社伝によると、第七代孝霊《こうれい》天皇の御代に富士山が大噴火したため、住民は離散し、国は荒廃した。

一一代垂仁天皇はこれを憂い、垂仁三（前二七）年、山麓に浅間大神をまつり、山霊を鎮めた。これが当社の起源という。

その後、富士山の噴火は姫神の水徳で静まり、その偉大な神徳は知られるところとなり、あつい崇敬を集めたとされる。

神社資料　**総本社**：富士山本宮浅間大社（静岡県富士宮市）／**祭神**：浅間大神・木花之佐久夜毘売命／**おもな祭り**：流鏑馬祭（5月4日～6日）・夏越大祓（6月30日）・例祭（11月3日～5日）

コラム1

社殿の配置と内部

表参道《おもてさんどう》を進むと、池や川に神橋《しんきょう》が架けられている。神橋は、「人の世界」と、向こう側の「神の世界」とを結ぶ、いわばかけ橋である。

参道の両側には石灯籠《いしどうろう》や狛犬《こまいぬ》が置かれている。

狛犬は「高麗犬」「駒犬」とも書き、悪霊の侵入を防ぎ、神域を守護する。参道から境《けい》内《だい》に入るところには神門《しんもん》（楼門《ろうもん》・唐門《からもん》・随神門《ずいしんもん》）があり、廻廊《かいろう》や瑞垣《みずがき》（玉垣）などで囲われた本殿《ほんでん》がある。

本殿の前にある拝殿《はいでん》は神々を拝する建物で、社殿のなかでは比較的早くあらわれた建物である。

その拝殿と本殿の間には祭神に幣帛《へいはく》や奉献の品々を捧げるための幣殿《へいでん》がある。

本殿は神社のもっとも奥まったところにあり、そこには御神体《ごしんたい》を安置してある。本殿の瑞垣で囲まれた一画は禁足地とされている。

本殿にまつる、主祭神と深い関係をもつ神々をまつる境内神社が摂社《せっしゃ》であり、そのほかの境内神社を末社《まっしゃ》という。

社殿の配置（一例）

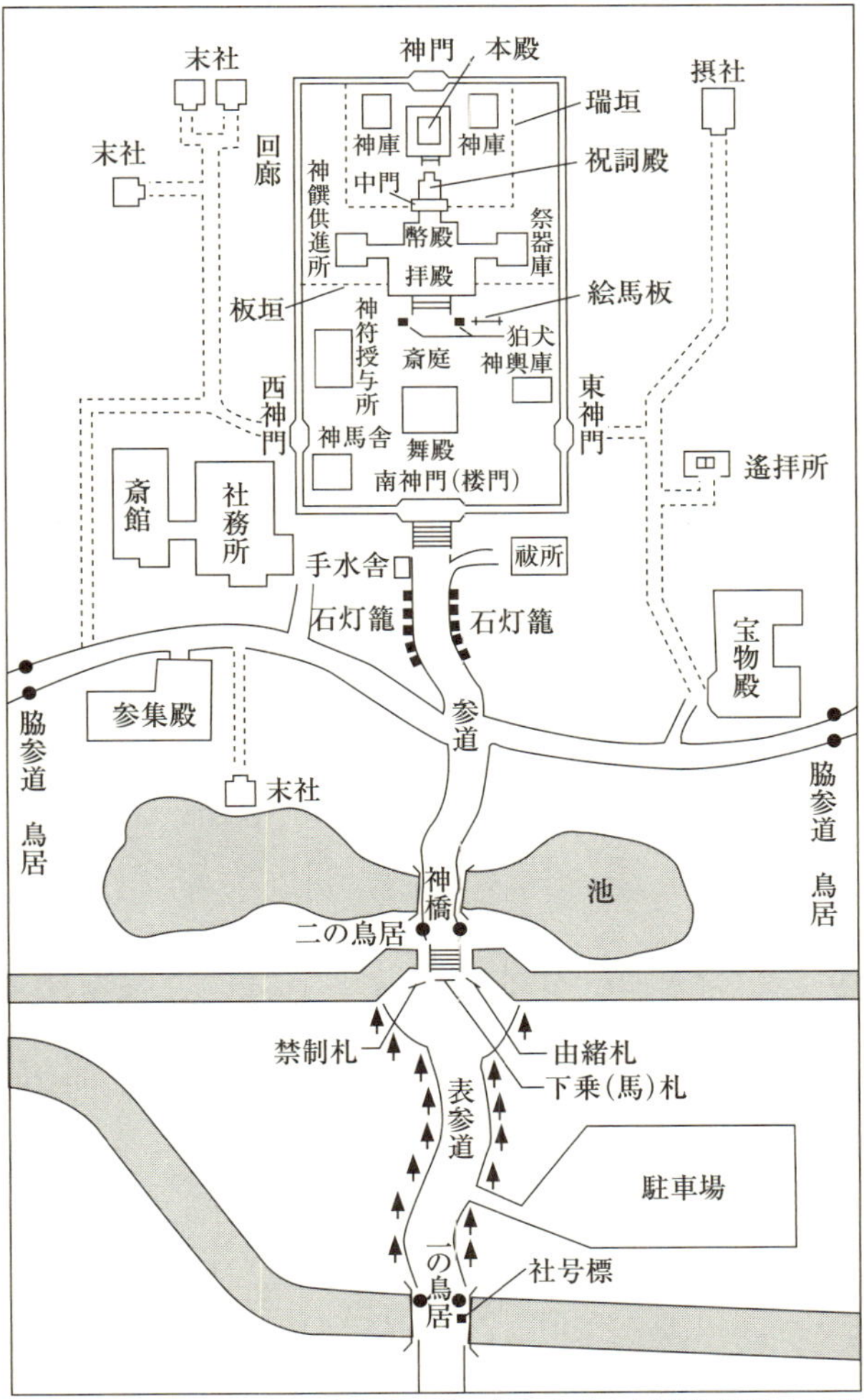

出典:『わが家の宗教　神道 』三橋健編著（大法輪閣）

社殿の内部

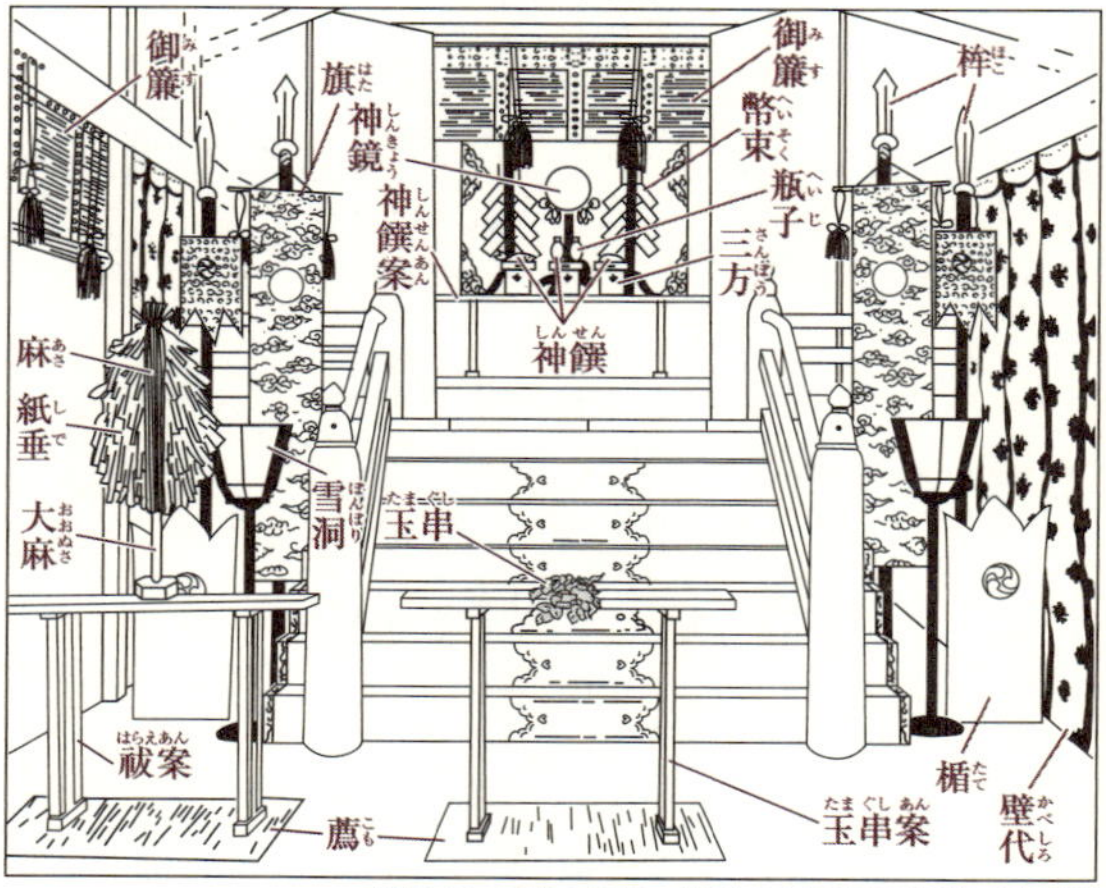

出典:『わが家の宗教　神道』三橋健編著（大法輪閣）

社殿の内部で一段高くなっているところが本殿である。本殿の内部は、内陣《ないじん》だけのものや、外陣《げじん》をもつもの、あるいは、内陣・中《ちゅう》陣《じん》・外陣をもつものなどもある。内陣には御神体が奉安《ほうあん》（安置）されており、特別な祭典以外、本殿の扉が開かれることはない。

本殿の階段下の手前に幣殿《へいでん》、そして拝殿《はいでん》があり、そこには旗や雪洞《ぼんぼり》、桙《ほこ》、楯《たて》など装飾品・調度品などが置かれている。

左側の祓案《はらえあん》には、修祓《しゅばつ》（お祓《はら》い）用具の大麻《おおぬさ》が置いてある。神職は祓詞《はらえことば》を奏上した後、大麻をとり、それで神饌《しんせん》や玉串《たまぐし》、奉仕者、参列者を左《さ》・右《う》・左《さ》と振り、祓い清める。正式参拝などの特別な参拝のときには、拝殿に昇り、玉串を奉《たてまつ》り、礼拝をおこなう（玉串奉奠《ほうてん》）。

二章

神話の神様

造化三神《ぞうかさんしん》
——天地生成であらわれた「万物の祖」

◎姿や形もない「独神」とは

『古事記《こじき》』は、天地初発《しょはつ》からはじまっている。

宇宙は最初、天も地もなく混沌としていた。やがて、天と地がわかれた。そのとき、天上界である高天原《たかまのはら》にはじめて出てこられたのが天之御中主神《あめのみなかぬしのかみ》である。次に高御産巣日神《たかみむすひのかみ》、その次に神産巣日神《かみむすひのかみ》である。この三柱《はしら》の神は、男女の区別がない独神《ひとりがみ》であり、また、姿や形がなかった。

『古事記』序文によれば、三神は「造化三神《ぞうかさんしん》」とよばれている。三神のうち、最初に出てこられた天之御中主神は、天の中央に位置し、高天原の主宰神である。創造を司る全知全能の至高神と説かれたりもする。しかし、この神は、『古事記』にだけ見られ、しかも「天地の初発の時」に登場しただけで、以後どこにも登場しない。

次に出てこられた二柱の神は、一対の神格をなし、ともに「産《む》す霊《ひ》」の神である。「むす」

は息子《むすこ》・息女《むすめ》の「むす」あるいは「苔《こけ》むす」の「むす」と同意で、ものごとを生成発展させる霊力をもつ神である。

なお高御産巣日神は、後に天孫が地上に降りる際に活躍し、また初代天皇である神武天皇《じんむてんのう》の東征の手助けをするなど、神々の指導的な役割をはたしている。

次の神産巣日神は、五穀の種を広める神話に登場するなど、食物を中心とした生産に携わる神であったようで、出雲《いずも》の国造りにも影響を与えた神としても知られている。

北極星信仰が結ぶ天之御中主神と妙見菩薩

天之御中主神はすべてを司る至高神という考えからか、中心的な神格をもつ神に据える神道教も見られる。しかしながら、あまりにも庶民には遠い存在だったようだ。そのような理由から古代においては、天之御中主神を祭神にした神社は一社もなかった。

それが中世、そして近世になると、天之御中主神は、神が仏の姿をしてあらわれる神仏《しんぶつ》習合《しゅうごう》の一環として「妙見菩薩《みょうけんぼさつ》」と習合した信仰が生まれ、庶民に親しまれるようになった。

それを結びつけた根底には、北極星に対する信仰があった。

そもそも天之御中主神の「天の中心の最高神」という観念は、中国の道教《どうきょう》の影響ともいわれ、その背景には、天帝《てんてい》を意味する北極星信仰などが見えかくれしている。

他方、中世以降、日蓮宗《にちれんしゅう》における妙見信仰も、北極星が神格化された妙見菩薩を崇めたものだった。

こうした北極星を基底にして、天之御中主神と妙見菩薩は習合したようである。このようなことで、天之御中主神は妙見菩薩の姿をかりてあらわれることになり、武士や船員などの信仰を集め、さらには庶民にも親しまれるようになったのである。

実際、この神と仏の神仏習合の例を顕著に示す神社がいくつか見られる。妙見信仰で知られる埼玉県の秩父《ちちぶ》神社では、明治の神仏分離令が出されるまで妙見宮とよばれた。

こういった例証はほかにもいくつかあり、その「妙見」は、長寿、息災、招福のご利益があるとされ、さらには眼病の神としても信仰されている。なお、高御産巣日神と神産巣日神は安達太良《あだたら》神社（福島県本宮市）などにまつられている。

神格・神徳　**別称**：[天] 妙見菩薩、[高] 高皇産霊尊・高木神、[神] 神皇産霊尊／**神格**：[天] 宇宙の根源神、[高] 生成力の神、[神] 生成力の神／**神徳**：[天] 招福・技術向上など、[高] 開運招福・縁結びなど、[神] 豊作・縁結びなど／**神社**：[天] 岡太神社（兵庫県西宮市鳴尾町）・太田神社（福島県原町市中太田）、[高] 安達太良神社（福島県本宮町）、[神] 安達太良神社・八所神社（山形県東置賜郡川西町）

別天神と神世七代

別天神

- 造化三神
  - 天《あめ》之《の》御《み》中主《なかぬし》神《かみ》
  - 高《たか》御《み》産《む》巣《す》日《ひの》神《かみ》
  - 神《かむ》産《む》巣《す》日《ひの》神《かみ》
- 宇《う》摩《ま》志《し》阿《あ》斯《し》訶《か》備《び》比《ひ》古《こ》遅《じの》神《かみ》
- 天《あめ》之《の》常《とこ》立《たちの》神《かみ》

神世七代

- 国《くに》之《の》常《とこ》立《たちの》神《かみ》（第一）
- 豊《とよ》雲《くも》野《のの》神《かみ》（第二）
- 宇《う》比《ひ》地《じ》邇《にの》神《かみ》・須《す》比《ひ》地《じ》邇《にの》神《かみ》（第三）
- 角《つの》杙《くいの》神《かみ》・活《いく》杙《くいの》神《かみ》（第四）
- 意《お》富《お》斗《と》能《の》地《じの》神《かみ》・大《おお》斗《と》乃《の》弁《べの》神《かみ》（第五）
- 於《お》母《も》陀《だ》流《るの》神《かみ》・阿《あ》夜《や》訶《か》志《し》古《こ》泥《ねの》神《かみ》（第六）
- 伊《い》耶《ざ》那《な》岐《きの》神《かみ》・伊《い》耶《ざ》那《な》美《みの》神《かみ》（第七）

「別天神《ことあまつかみ》」とは、天神のなかでも特別な神との意である。いいかえれば、高天原にはじめて出現した五柱の神様を、その後に出てくる天神と区別するために名付けたともいえよう。

高御産巣日神　　天之御中主神

（『神仏図会』国立国会図書館蔵）

宇摩志阿斯訶備比古遅神《うましあしかびひこぢのかみ》・天之常立神《あめのとこたちのかみ》
―天の礎を神格化した二神

まず天ができ、次に地が出現し、そして神聖《かみ》が生まれた

はじめて天地がわかれて、高天原《たかまのはら》に三神が出現した。しかし、国土はいまだ固まっていなかった。それは、水に浮いている脂《あぶら》のような状態で、くらげのように漂っていた。そのようななかに、葦芽《あしかび》が吹き出すようにして成ったのが、宇摩志阿斯訶備比古遅神《うましあしかびひこぢのかみ》であり、次に天之常立神《あめのとこたちのかみ》が出現されたと『古事記』にはある。

このように天地初発の際に出現した三神とこの二神を「別天神《ことあまつかみ》」と称する。別天神とは他の天神とは異なる、特別の天神として位置づけられている神である。

宇摩志阿斯訶備比古遅神は、葦の芽に象徴された万物の生命力の神格化である。葦は穀物の成長を象徴した呼称で、「葦原中国《あしはらのなかつくに》」のように日本の古称としても用いられる。

次の天之常立神の「天之」は「神聖な」との意味で、次の「常」は底・床と同義語であり、大地がやや高く盛り上がっているところである。次の「立」は「春が立つ」「風が立つ」

駒形神社（岩手県奥州市水沢区）

祭神六神を駒形大神《こまがたのおおかみ》としてまつる。六神は、天照大御神・天之常立尊・国之狭槌尊・吾勝尊・置瀬尊・彦火火出見尊。

などの「立つ」と同義語で、目にはっきりと見えないものがあらわれていることである。また、一説に「常」は天の永遠性を示したものともいわれる。高天原に恒久に留まり、宇宙すべてを司る神だというのである。

このように、まずは天と地が分離し、あらゆる物を生成発展させる三神が生じ、天の永遠をあらわす神が生じた。ここに永遠の世界が形成されたのである。

神格・神徳　**別称**：［宇］可美葦牙彦舅尊、［天］天常立尊、［宇］生成力の神／**神格**：［宇］生成力の神［天］高天原の守護神［宇］五穀豊穣など／**神徳**：［天］産業開発・交通安全・必勝祈願など［宇］浮島神社（愛媛県東温市）ほか／**神社**：［天］駒形神社（岩手県奥州市水沢区）ほか

国之常立神《くにのとこたちのかみ》

—大地という概念をもたらした根源神

神世七代のはじめに登場した大地を神格化した神

天と地がわかれつつあるとき、六番目に成り出た神が国之常立神《くにのとこたちのかみ》である。これは『古事記』に伝えるところであるが、『日本書紀』では最初にあらわれ、葦芽《あしかび》が化して成った神とある。この国之常立神は、伊耶那岐神《いざなきのかみ》・伊耶那美神《いざなみのかみ》までつづく、神世七代《かみよななよ》の一番最初に登場する神であり、今までの神と同じく、独神《ひとりがみ》で、すぐに姿を隠したとある。前出の天之常立神《あめのとこたちのかみ》とは神名に共通点が見られ、一対をなした存在であることがわかる。

つまり、天之常立神が天の神格化だとすれば、この神は大地の神格化といえよう。神名の「常」とは、やや高くなった土台、「立」とは、目にはっきりと見えないものの出現することを意味している。

つまり大地の土台を形成し、大地に出現した神ということになる。また、「常立」を永遠に立ちつづける意味と解し、大地の永遠性を示した神とする説もある。

熊野速玉大社

熊野速玉大社の社殿全景。国常立尊は、家津御美子大神とともに上三殿でまつられている。そのほか奈良県十津川村の玉置神社などにまつられる国之常立神であるが、根源神のわりにはまつられることが少ない。

国之常立神

（『神仏図会』国立国会図書館蔵）

どちらにしても、国之常立神は、混沌として浮遊するなかから、はじめて大地という概念をもたらした神であるといえよう。

これに加え、神世七代の最初に登場したこと、また『日本書紀』でも一番最初にあらわれた神であることから、国之常立神は大地の守護神であり、天之御中主神と同様、宇宙の根源神に位置づけられてきた。大地を形成するという力強さから、事業主などのような創造性を必要とする人びとに尊崇されている。

神格・神徳

別称：国常立神・国底立尊／**神格**：国土形成の根源神・国土の守護神／**神徳**：国土安泰・商売繁盛・縁結びなど／**神社**：熊野速玉大社（和歌山県新宮市）・虫鹿神社（愛知県犬山市）・大鳥神社（東京都目黒区）ほか

伊《い》耶《ざ》那《な》岐神《きのかみ》・伊《い》耶《ざ》那《な》美神《みのかみ》
——国土や神々を生み出した天地創世の神

国々や神々を生み出した世界化成の神

神世七代の最後に登場するのが初の夫婦神となった伊《い》耶《ざ》那《な》岐神《きのかみ》と伊《い》耶《ざ》那《な》美神《みのかみ》である。

この二神は、国土やさまざまな神々など、万物を生む神としてあらわれた。『古事記』では、その過程を次のように記している。

まず二神は高天原《たかまのはら》の神々から、漂っている国土を固めさせて完成させよと委任される。そこで二神は天と地をつなぐ天浮橋《あめのうきばし》から、玉で飾った矛《ほこ》をさし下ろして海水をかき回し、その矛を引き上げたときに、滴《したた》り落ちた海水が重なってできたのが、淤《お》能《の》碁《ご》呂《ろ》島《じま》である。

その島に降り立った二神は、柱をめぐって結婚しようとする。そのとき、女神の伊耶那美神が先に声をかけたことが原因で、蛭《ひる》のような骨のない未成熟の子を生んでしまう。

二神はやり直して、淡路島《あわじしま》をはじめ、四国、九州など大八島《おおやしま》とよばれる日本の国土を形成する島々、さらに、山川などの自然や住居、穀物に関する神を次々と生んでいった。

ところが、伊耶那美神は、火之迦具土神《ひのかぐつちのかみ》を生んだ際、火傷をして命を落としてしまう。伊耶那岐神は最愛の妻を死に追いやった子の迦具土神を斬り殺し、妻の後を追って死者の世界である黄泉国《よみのくに》を訪れた。

だが、彼は見てはいけないという約束を破り、死の汚穢《おえ》に染まった妻の醜い姿を目のあたりにして、黄泉国から逃げ出した。伊耶那岐神は怒った妻に追いかけられるが危機一髪で難を逃れ、妻に別離を宣言する。「ならば、一日千人殺す」と怒る伊耶那美神に対し、伊耶那岐神は、「一日千五百人誕生させる」と応じた。

さて、黄泉国から戻った伊耶那岐神は、死の穢れをはらうために水で洗い清める禊《みそぎ》をおこない、その際、多くの神々を生んだ。最後に左右の目や鼻から生まれたのが天照大御神《あまてらすおおみかみ》、月読命《つくよみのみこと》、須佐之男命《すさのおのみこと》の三貴子《さんきし》である。三貴子はそれぞれ高天原、夜の食国《おすくに》、海原《うなばら》を治めるように委任されるが、須佐之男命だけは妣《はは》（死んだ母）のいる「根《ね》の国」に行きたいと泣きわめいているばかりである。そこで、伊耶那岐神は須佐之男命を高天原から追放した。

ところで、島々や神々を生んだ伊耶那岐神と伊耶那美神は、国土を固めた神として、また生命の祖神として、さらには日本人の起源ともされる。また、上記の神話には、さまざまな起源が記されている。火や農耕などの技術、生と死、禊など、日本人の生活の営みにかかわる多くの起源にもなっている。

多賀大社にまつられる夫婦神

『古事記』によれば、伊耶那岐神は近江《おうみ》（滋賀県）の多賀大社に鎮座されたとある。現在、妻の伊耶那美神とともに滋賀県の多賀大社の祭神となっている。一方『日本書紀』では、伊弉諾尊は淡路島で亡くなったとされることから、伊弉諾神宮にもまつられている。

また、埼玉県秩父にある三峯《みつみね》神社は、日本武尊《やまとたけるのみこと》が東征の際、伊耶那岐神と伊耶那美神をまつったというわれがあるなど、これらの二神は各地でまつられ、広く崇敬されている。伊耶那美神も、豊かな大地や豊穣を意味する地母神的な神徳ももっている。国々や神々を数多く生んだ二神というだけあって、ご利益も夫婦和合、縁結び、安産、商売繁盛など多彩で、繁栄をもたらす神として信仰されている。

神格・神徳
別称：伊弉諾尊・伊弉冉尊／**神格**：万物を生みだす神／**神徳**：延命長寿・縁結びなど／**神社**：多賀大社（滋賀県犬上郡多賀町）・伊弉諾神宮（兵庫県淡路市）・三峯神社（埼玉県秩父市）ほか

伊耶那岐神と伊耶那美神によって生まれた大八島国《おおやしまぐに》（日本列島）

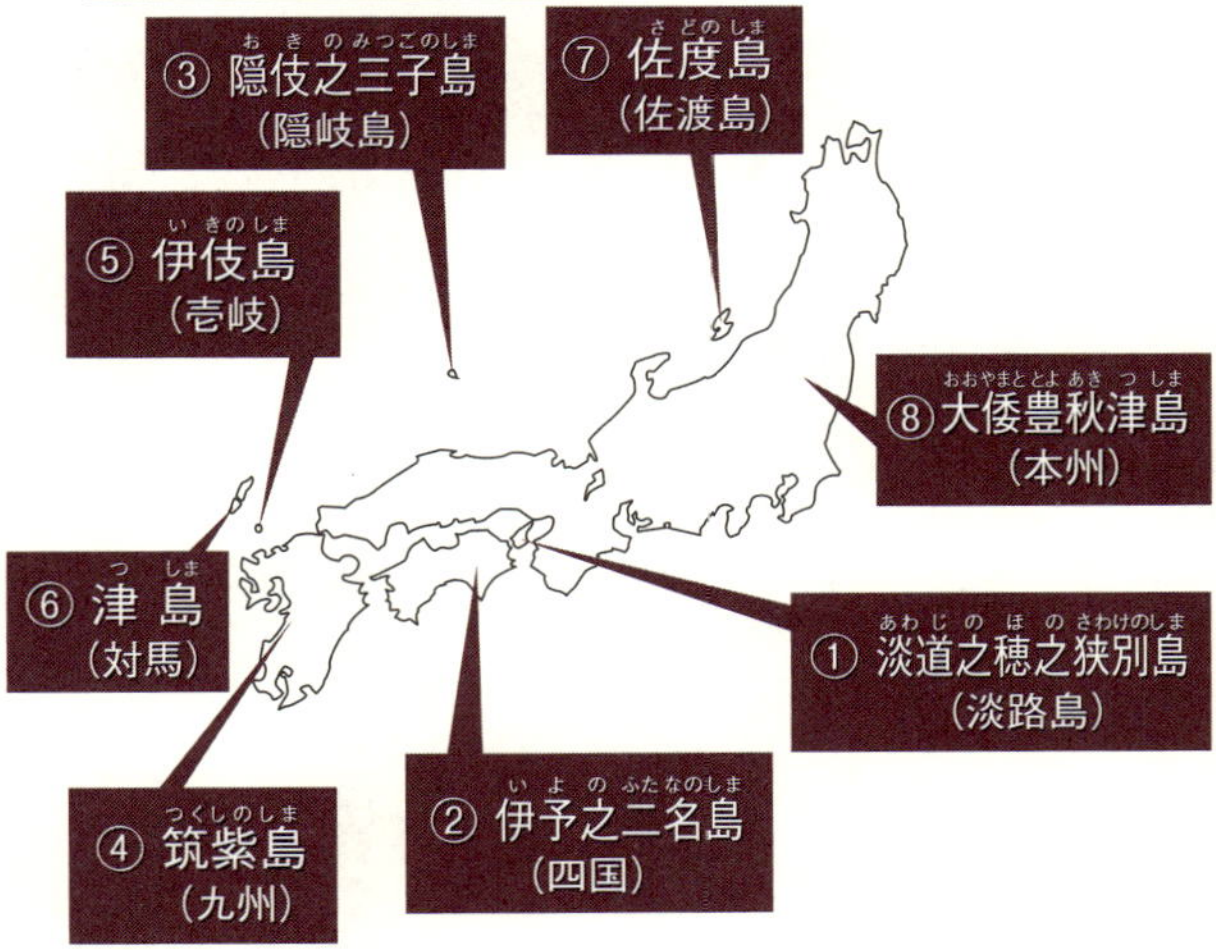

矛を使って国生みをおこなう伊耶那岐神と伊耶那美神

（『鮮斎画譜』国立国会図書館蔵）

大綿津見神《おおわたつみのかみ》

――山幸彦を助け娘を嫁がせた海の守護神

伊耶那岐神の禊によって生まれた大綿津見の三神

伊耶那岐神《いざなきのみこと》の禊《みそぎ》によって底津綿津見神《そこつわたつみのかみ》・中津綿津見神《なかつわたつみのかみ》・上津綿津見神《うわつわたつみのかみ》の三神が出現した。

神名のワタは「海」、ツは「の」、ミは「神霊」という意、つまり海の神のことである。

ところで大綿津見神《おおわたつみのかみ》の事跡が見られるのは、山幸彦《やまさちひこ》と海幸彦《うみさちひこ》との物語においてである。

そこでは大綿津見神は山幸彦（火遠理命《ほおりのみこと》）を助ける海宮の神として登場する。

兄に借りた釣り針を海に落とした山幸彦は、海神の綿津見神が住む海底の宮へと赴く。海神は山幸彦に娘を嫁がせる一方、海の魚を召集して、山幸彦がなくした釣り針を見つけ出し、山幸の兄を懲《こ》らしめるための呪文と水を左右する珠《たま》を授けている。

この物語から、大綿津見神は、海の支配だけでなく、地上の水をも支配することになる。また大綿津見神は「少童命《わたつみのみこと》」とも書き、子どもの姿だったともいわれる。子ども、水神、家の繁栄は、古来、深い繋がりがあると考えられていたようである。

火遠理命と塩椎神

（『鮮斎画譜』国立国会図書館蔵）

海を熟知した塩椎神（右）の助言に従い、海神の宮へと向かう火遠理命。（左）

『延喜式神名帳《えんぎしきじんみょうちょう》』には、摂津国《せっつのくに》の大海《おおわたつみ》神社、対馬国《つしまのくに》の和多津美《わたつみ》神社、播磨国《はりまのくに》の海《わたつみ》神社など、ワタツミや海神の名をもつ神社が多く記載されている。

大綿津見神をまつる神社としては、福島の綿津見神社、千葉の渡海《とかい》神社などが知られている。

また、各地の海神社や綿津見神社の祭神ともなっている。ご利益は海上安全や漁業繁栄など海に関するものが多く、海の守護神として信仰されている。

神格・神徳

別称：綿津見神・海神／**神格**：海の神／**神徳**：海上安全・漁業繁栄など／**神社**：胡禄神社（長崎県対馬市上対馬町）ほか

火之迦具土神《ひのかぐつちのかみ》——母神を死なせ、自らは父に殺された火神

秋葉神社や愛宕神社の祭神となった神様

伊耶那美神《いざなみのかみ》は国生みの後にさまざまな神々を生み、最後に火之迦具土神《ひのかぐつちのかみ》を生んだ。カグやカガは「輝く」との意味であり、火が燃え上がっているさまをあらわしており、まさしく、火の神にふさわしい神名となっている。

伊耶那美神は、この火の神を生んだとき陰部を焼かれて、病臥《びょうが》してしまう。そして、伊耶那美神が病に臥《ふ》しているときの嘔吐や糞からは、鉱山の神、粘土、灌漑《かんがい》、食物、生産の神などが化成した。結局、伊耶那美神は回復することなくお亡くなりになり黄泉国《よみのくに》へと旅立つのである。

嘆き悲しんだ伊耶那岐神《いざなきのかみ》は、火之迦具土神の首を剣で斬り落とした。すると飛び散った血から雷神、剣神、水の神など八柱の神が生まれ、死体からは八柱の山の神が化成した。

このように、火之迦具土神は大地なる母神を死に追いやり、自らも父神から殺されてし

秋葉火祭

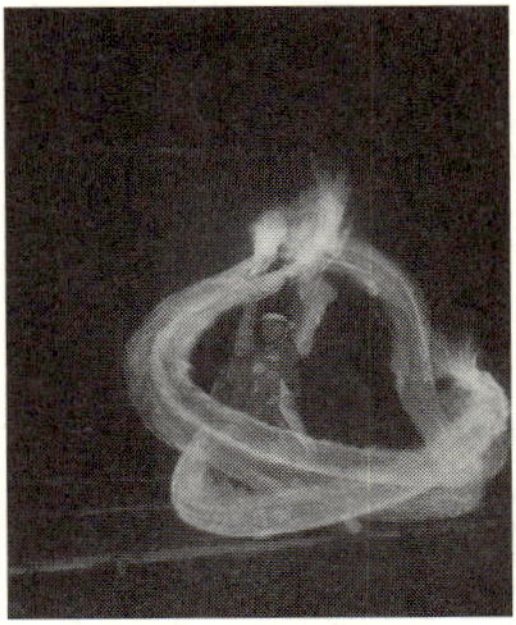

秋葉神社でおこなわれる火祭り。祭りの終わりには神職が舞殿で火の舞いおさめをする。

火之迦具土神から生まれた神様

伊耶那美神《いざなみのかみ》
伊耶那岐神《いざなきのかみ》
火之迦具土神《ひのかぐつちのかみ》

- 正鹿山津見神《まさかやまつみのかみ》（頭）
- 淤縢山津見神《おどやまつみのかみ》（胸）
- 奥山津見神《おくやまつみのかみ》（腹）
- 闇山津見神《くらやまつみのかみ》（陰）
- 志芸山津見神《しぎやまつみのかみ》（左手）
- 羽山津見神《はやまつみのかみ》（右手）
- 原山津見神《はらやまつみのかみ》（左足）
- 戸山津見神《とやまつみのかみ》（左足）

まう。

　また、このような火の神の誕生の神話は、火きり臼《うす》と火きり杵《きね》を使う古代の発火法の由来を示すともいわれる。つまり臼は女性、杵は男性に見立てられ、男女の交合を示唆しているとの説である。

　火之迦具土神は、火に関わる中心的な神として知られ、現在でも火伏せの神として、静岡県の秋葉神社や京都府の愛宕《あたご》神社などにまつられている。

神格・神徳

別称：火之夜芸速男神・阿遇突智神・火産霊神／**神格**：火の神／**神徳**：火災消除・家内安全・厄除開運など／**神社**：秋葉神社（静岡県浜松市天竜区）・愛宕神社（京都府京都市右京区）ほか

天照大御神《あまてらすおおみかみ》
──高天原を統べる日本神話の最高神

天上天下に照り輝く太陽のような神

天照大御神《あまてらすおおみかみ》は高天原《たかまのはら》の総支配神であり、皇室の祖先神で、日本国民の祖神《おやがみ》でもある。

黄泉国《よみのくに》から帰った伊耶那岐神《いざなきのかみ》は、筑紫《つくし》の日向《ひむか》で死の穢《けが》れを祓《はら》い清めるために禊《みそぎ》をおこなった。その際、左目を洗ったときに天照大御神、右目を洗ったときに月読命《つくよみのみこと》、鼻を洗ったときに須佐之男命《すさのおのみこと》が出現した。このうち天照大御神はその神名の通り、天に照り輝く太陽のようなすぐれた神であったので、父神の伊耶那岐神は自分の地位を天照大御神に譲った。

天照大御神の神話でもっともドラマチックなのは天岩戸《あめのいわと》の出来事である。

天照大御神の弟、須佐之男命は、高天原で乱暴狼藉をはたらいた。天照大御神も最初は須佐之男命をかばっていたものの、機織《はたお》り部屋へ皮をはいだ馬を投げ込むなどの乱行におよんでは、もう我慢できなくなり、ついには天岩戸にこもられることになった。

そのため、高天原も葦原中国《あしはらのなかつくに》も、すべて暗闇の世界となってしまった。

慌てた神々は、善後策をこうじ、思金神《おもいかねのかみ》に知恵を借りて次のような作戦を実行する。

それは、天宇受売命《あめのうずめのみこと》が踊り、神々が面白おかしくはやしたてて、天照大御神が身を乗り出すように促すことであった。顔をのぞかせた天照大御神の手を手力男神《たぢからおのかみ》が取って外へ出すと、ようやく世界に明るさが戻った。

この神話は太陽の復活を意味しているともいわれる。それは天照大御神が太陽のような神であること、天を照らす統治者でもあることなどがそのような考えに至らしめたのであろう。

また、この神話に先立って、天照大御神は須佐之男命と誓約《うけい》をして、その結果で正邪を証明している。このときお互いの持ち物を交換して神生みをおこなった際、天照大御神の玉から生まれたのが天忍穂耳命《あめのおしほみみのみこと》である。そして、その御子の邇邇芸命《ににぎのみこと》が天孫降臨して葦原中国の統治者となるのであり、さらにその子孫が天皇となるのである。

さらに『日本書紀』によれば、天照大御神は稲を人びとの主要な食物と定め、そして養蚕の道を伝えるなど、いわゆる衣食の根幹を教えられたとある。これらは、天照大御神を皇室の祖神とあおぎ、天皇支配の正統性、神聖性を明確化したものであり、あわせて人民に衣食の道を示したものとして重要である。

皇室の祖先神であり、日本人の親神となる

現在、天照大御神は伊勢神宮《いせじんぐう》の内宮にまつられているが、そのいきさつは『日本書紀』に記されている。それによると、垂仁《すいにん》天皇二五年三月、倭姫命《やまとひめのみこと》に託宣して大和から伊勢国の五十鈴《いすず》川の川上に鎮座地を求めたという。これが伊勢神宮の創祀である。

はじめは伊勢神宮は皇室の祖神である天照大御神をまつり、その祭祀も天皇が直轄し、斎宮《さいくう》が遣わされた。私幣禁断といって、天皇だけしか幣帛《へいはく》を奉《たてまつ》ることができなかったが中世になると、その神威にすがる人びとも増え、天照大御神は日本人の親神となり、日本人ならば一生に一度はお参りしたいところとされた。そして各地に神明社《しんめいしゃ》ができた。

さらに、全国に足を運んだ伊勢の御師《おし》によって、神宮信仰は全国的に広まり、江戸時代には熱狂的な伊勢参りが流行した。

神格・神徳　**別称**：大日孁貴神・天照坐大神／**神格**：太陽神・皇祖神／**神徳**：皇室守護・国家安穏・天下泰平／**神社**：伊勢神宮（内宮〈皇大神宮〉。三重県伊勢市）・各地の皇大神社、神明社

伊耶那岐神の禊により生まれた「三貴子」（『古事記』による）

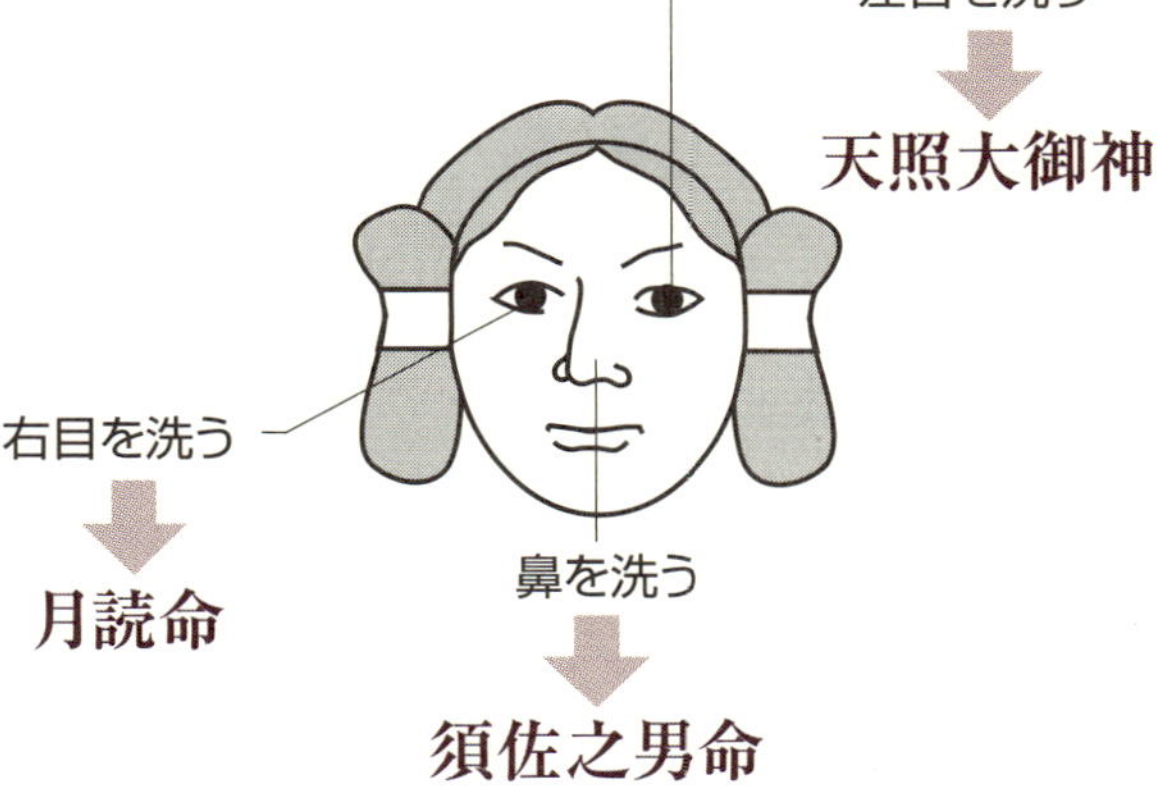

天照大御神

（『神仏図会』国立国会図書館蔵）

天岩戸神社（宮崎県高千穂町）

天岩戸を御神体とする天岩戸神社。拝殿の奥に禁足地の天岩戸がある。

月読命《つくよみのみこと》——月光のように称えられる夜の国の支配神

伊耶那岐神の禊によって成った三貴子の第二神

伊邪那岐神《いざなきのかみ》が黄泉国《よみのくに》から帰り、禊《みそぎ》をしたとき、右の目を洗って化成した神が月読命《つくよみのみこと》で、三貴子《さんきし》の第二神にあたる。神名の「月読」は「月齢を数える」という意味で暦《こよみ》の神、占いの神ともされる。

月読命は、伊邪那岐神から「夜の食国《おすくに》」、すなわち夜の世界を統治し、支配するように委任されるのだが、『古事記』において月読命が登場するのは、この箇所だけである。

この後、姉の天照大御神《あまてらすおおみかみ》、弟の須佐之男命《すさのおのみこと》などの神話はさまざまに展開するものの、月読命の行動は何一つうかがい知ることができない。

つまり、月読命も三貴子の一人であるにもかかわらず、姉や弟の活躍ぶりに比べると、存在感が希薄である。このような差は一体どこにあるのだろうか。

それをめぐっては、いくつかの説がある。

一つは、天照大御神が神々の中心であったため、月読命に活躍の場が与えられなかったとする説である。『日本書紀』では、月は星とともに悪神として描かれている。このようなことから見ても、月読命は、天照大御神を際立たせる存在でしかなかったのかもしれない。また、本来は太陽神と月神との組み合わせであったが、そこに須佐之男命が登場したことにより、月読命の存在が弱まったとする説などもある。

◎不老不死の信仰と結びつく死と再生を司る神

『日本書紀』には、次のような神話が記されている。

月夜見尊（『古事記』は月読命とある）は天照大御神の命令によって、穀物神である保食神《うけもちのかみ》のもとを訪ねることになった。ところが、その時、保食神が口から山海の食物を吐き出して月夜見尊に奉ったため、月夜見尊は汚らわしいと保食神を殺害してしまった。

ところがその死体からさまざまな穀物が化成したとある。

保食神が殺害されたことを知った天照大御神は月夜見尊に「あなたは悪い神である。二度と顔を見たくない」といって激怒した。それから天照大御神と月夜見尊とは離れて住むようになり、太陽と月は交代で天にあらわれるようになったといわれている。

これは、昼と夜の起源神話である。このように元来は太陽神と月神は一対の存在であったのであるが、『古事記』にはこの神話は見えない。死体から穀物が化成する部分のみが須佐之男命の神話へと転化しており、大気都比売神《おおげつひめのかみ》が須佐之男命に殺されることになっている。

ところで、月の満ち欠けは、死の起源を示し、不老不死の信仰と無縁ではない。死と再生の神話である死体化成神話は、まさにその信仰を反映させたものといえる。

さらには本来、月読命は、暦が欠かせない農耕の神格化であったともいわれ、その点からも穀物化成神話にふさわしいということができよう。

それが出雲《いずも》神話と関わりの深い須佐之男命の神話になることで、月読命の存在感が希薄になっていったと思われる。

なお、古くから月読・月夜見との社名をもつ神社がまつられてきたが、現在では月読命・月夜見尊をまつる神社は山形県の月山《がっさん》神社鳥海月山両所宮などが有名である。

神格・神徳

別称：月夜見尊／**神格**：農耕神・漁業神／**神徳**：五穀豊穣・大漁祈願など／**神社**：月山神社（山形県東田川郡庄内町）・月読宮（伊勢神宮内宮別宮。三重県伊勢市）ほか

月読命をまつるおもな神社

月読命（月読神社）の系統

祭神・月読命

- 天照大御神の弟として奉る神
  - 内宮〈皇大神宮〉別宮（月読宮）外宮〈豊受大神宮〉別宮（月夜見宮）など。
- 月読命と元来の土地神（月の神）とが習合した神
  - 出羽三山・月山神社（秋田）・月読神社（秋田）・松尾大社（京都）など。

月読命

（『神仏図会』国立国会図書館蔵）

須佐之男命《すさのおのみこと》——高天原から追放された荒ぶる神

悪神から善神へと変容を遂げた神

須佐之男命《すさのおのみこと》の正確な名前は建速《たけはや》須佐之男命であり、伊耶那岐神《いざなきのかみ》が禊《みそぎ》をした際、鼻を洗ったときに生まれた三貴子《さんきし》の第三神である。

この神は太陽のような天照大御神《あまてらすおおみかみ》とは対照的な暴風神のような神格をもっている。

その荒々しい乱行により、神々の世界から追放された。だが、出雲《いずも》へと天降った須佐之男命は八岐大蛇《やまたのおろち》を退治するなどの善神として活躍する。

荒々しい神ではあるが、善悪二面性をもつ複雑な様相を呈した神である。

まず須佐之男命は、悪神としての活躍を見せる。伊耶那岐神から海原の国の統治を命じられた須佐之男命は、亡き母（妣《はは》）のいる国へ行きたいと泣きわめく。そのため多くの人びとが若くして死に、青山が枯れた。ついに伊耶那岐神はこの神を追放する。

須佐之男命は、姉の天照大御神に暇乞《いとまご》いをしようと高天原を訪れるが、その荒々しい行動から、天照大御神は須佐之男命を疑われた。須佐之男命は身の潔白を証明する誓約《うけい》をおこなう。

それは須佐之男命の持ち物と天照大御神の持ち物を交換して、それぞれ神生みをおこない、その結果により神意をうかがうという方法である。この須佐之男命は勝ちに乗じて乱暴狼藉をはたらいた。

怒った天照大御神は天岩戸《あめのいわと》に隠れ、そのため須佐之男命は神々からひげや爪を切られ、高天原を追放された。

だが、葦原中国《あしはらのなかつくに》の出雲の鳥髪《とりかみ》へ降った須佐之男命は、善神へと変容を遂げる。

須佐之男命は、出会った櫛名田比売《くしなだひめ》を救うために八岐大蛇に酒を飲ませて退治し、大蛇から手に入れた天叢雲剣《あめのむらくものつるぎ》を天照大御神に献上する。これが後に草薙剣《くさなぎのつるぎ》とよばれるようになった、三種の神器の一つである。

須佐之男命は、櫛名田比売と結婚し、出雲の須賀の地に宮を建てて住まうのである。その子孫が葦原中国の王となり、その後、天孫邇邇芸命《ににぎのみこと》のために国を譲る大国主神《おおくにぬしのかみ》である。

その後、須佐之男命は大国主神にさまざまな試練を課した。それを乗り切った大国主神に、須佐之男命は葦原中国の王となれと励ましている。

◎疫病神と習合した須佐之男命

須佐之男命は、出雲神話では農業、穀物の神である。『古事記』には死体からさまざまな穀物が化成した神話に登場し、穀物の神の一面をあらわしている。また、須佐之男命は邪霊をはらう荒々しい神として、また疫病《えきびょう》神としても広く信仰されている。

そのなかでも、疫病神の牛頭天王《ごずてんのう》との習合が注目される。牛頭天王は祇園《ぎおん》牛頭天王ともよばれる、もとはインドの祇園精舎《しょうじゃ》の守護神であるが、『備後国風土記《びんごのくにふどき》』逸文《いつぶん》には武塔神《むたのかみ》として登場してくる。

日本神話に登場する素戔嗚尊《すさのおのみこと》が、これら牛頭天王、武塔神と習合して、ともに祇園信仰・天王信仰・津島信仰の中心的な神々となったのである。なお、『備後国風土記』逸文には茅《ち》の輪《わ》くぐり神事の起源や、「蘇民将来子孫之家《そみんしょうらい》」神札の由来が記されている。

現在では、農業や厄除《やくよ》け、さらには家内安全、商売繁盛や縁結びなど幅広いご利益をもつ神として信仰されている。

神格・神徳　**別称**：建速須佐之男（命）・素戔嗚尊・素盞嗚尊・牛頭天王／**神格**：農業神・穀物神／**神徳**：家内安全・商売繁盛・縁結びなど／**神社**：八坂神社（京都府京都市東山区）・氷川神社（埼玉県さいたま市大宮区）・熊野本宮大社（和歌山県田辺市）ほか

『古事記』の世界観と須佐之男命の行動

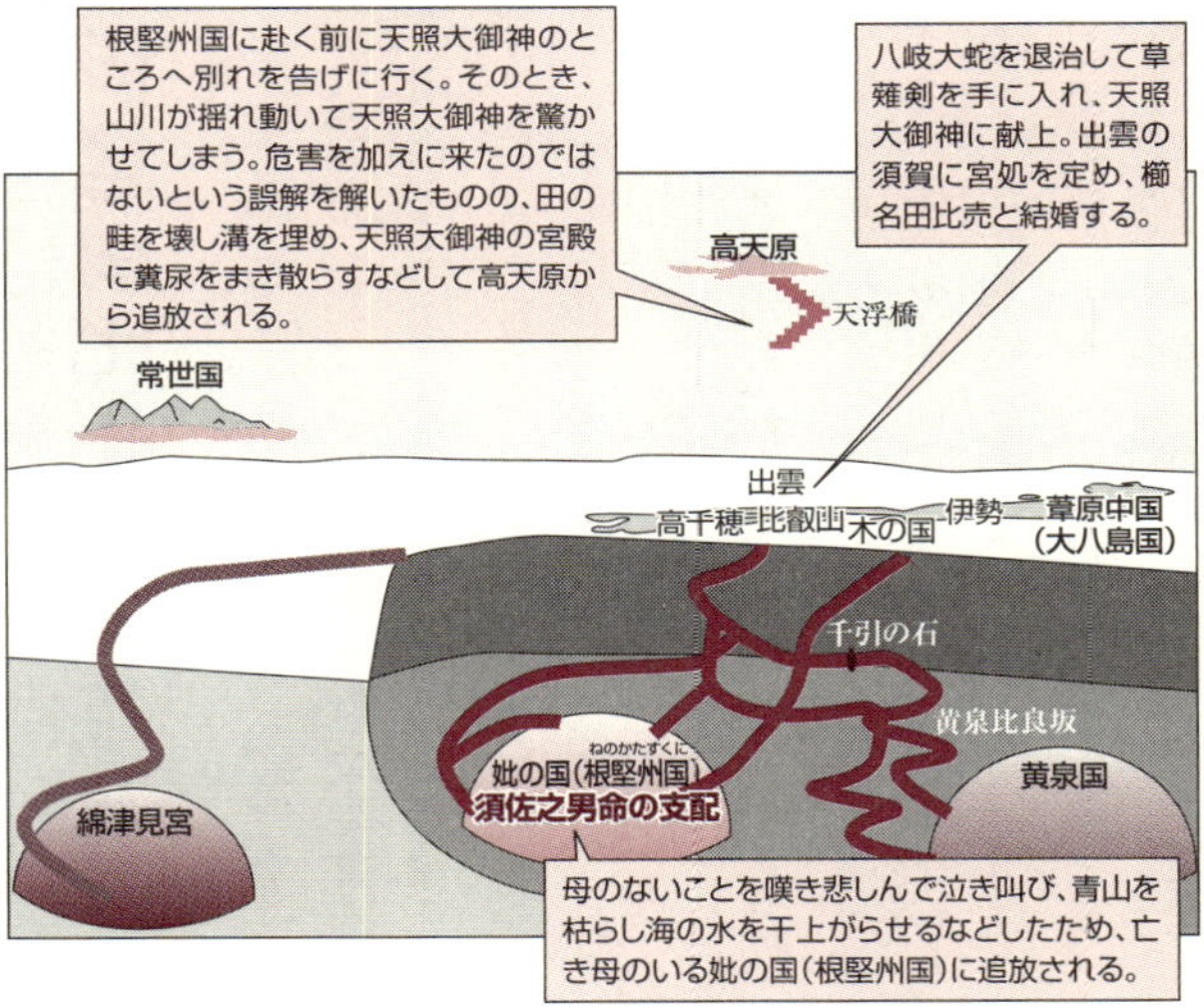
根堅州国に赴く前に天照大御神のところへ別れを告げに行く。そのとき、山川が揺れ動いて天照大御神を驚かせてしまう。危害を加えに来たのではないという誤解を解いたものの、田の畦を壊し溝を埋め、天照大御神の宮殿に糞尿をまき散らすなどして高天原から追放される。
八岐大蛇を退治して草薙剣を手に入れ、天照大御神に献上。出雲の須賀に宮処を定め、櫛名田比売と結婚する。
高天原
天浮橋
常世国
出雲
高千穂
比叡山
木の国
伊勢
葦原中国
（大八島国）
千引の石
黄泉比良坂
妣の国（根堅州国《ねのかたすくに》）
須佐之男命の支配
黄泉国
綿津見宮
母のないことを嘆き悲しんで泣き叫び、青山を枯らし海の水を干上がらせるなどしたため、亡き母のいる妣の国（根堅州国）に追放される。

誓約をし、子を生む須佐之男命（右）

（『鮮斎画譜』国立国会図書館蔵）

櫛名田比売《くしなだひめ》
——出雲神話を彩る「八岐大蛇物語」の女神

須佐之男命に助けられその妻となった女神

櫛名田比売《くしなだひめ》は、出雲神楽《いずもかぐら》には必ずといってよいほど登場する人気の女神である。とくに八岐大蛇《やまたのおろち》退治の神話では重要な位置を占めている。

そもそも櫛名田比売は足名椎《あしなづち》、手名椎《てなづち》夫婦の娘であり、須佐之男命《すさのおのみこと》が八岐大蛇を退治した後に妻となった女性である。

櫛名田比売と須佐之男命との出会いから結婚に至る神話は、高天原《たかまのはら》を追放されて出雲に降りた須佐之男命が、鳥髪の地で泣き悲しんでいる櫛名田比売の一家と出会うところからはじまる。須佐之男命が泣いている理由を尋ねると、一家の娘七人は、毎年やってきては娘を喰《く》らう八岐大蛇の犠牲になり、櫛名田比売もその運命にあるという。

そこで須佐之男命は、櫛名田比売を妻にもらうことを条件に、大蛇退治を引き受けると、八つの酒槽《さかぶね》などを老夫婦に用意させた。そして、やってきた大蛇に酒を飲ませ、酔いつぶれさせて一気に退治することに成功した。

須佐之男命は、その尾から出た天叢雲剣《あめのむらくものつるぎ》を天照大御神《あまてらすおおみかみ》に献上した。これは後に草薙剣《くさなぎのつるぎ》とよばれて、現在も熱田神宮《あつたじんぐう》の御神体となっている。

その後、二神はすがすがしい気持ちで結ばれ、出雲の須賀の地に宮を建てて住んだ。そのとき須佐之男命が詠んだことほぎの歌が、有名な「八雲《やくも》立つ　出雲八重垣《やえがき》　妻籠《つまご》みに八重垣つくる　その八重垣を」の歌である。なお、比売の父はその宮の首長に任じられた。

そして、須佐之男命と櫛名田比売との間に八嶋士奴美神《やしまじぬみのかみ》が生まれた。このように八嶋士奴美神は須佐之男命の第一世であり、この神は木花知流比売《このはなちるひめ》と結婚してその間に布波能母遅久奴須奴神《ふわのもじくぬすぬのかみ》が生まれた。

稲田を守護する女神から夫婦和合の女神へ

櫛名田比売は『日本書紀』には奇稲田姫《くしいなだひめ》と記してある。稲田を守護する神という意味である。とくに「櫛」の字を用いたのは、須佐之男命が八岐大蛇を退治する際、姫を櫛に変え、自分の髪に挿したことに由来するともいわれるが、そうではなく、『日本書紀』に「奇」と書いているように「霊妙な」という意味である。現在では「薬」の「くす」と同意である。

なお、稲田を守護する女神という意からも知られるように、櫛名田比売は、水田の豊穣をもたらす女神である。または水神に仕える巫女だったとの説もある。

一方、水の精霊とも考えられる。このように述べると、大蛇は、それを襲う水害や河川の氾濫の象徴ということになる。

その大蛇が退治されたのは、水害などの暴威を沈め、櫛名田比売が復活したこと、つまり五穀豊穣をもたらすことを示していることになる。

ところで、現在の櫛名田比売は、須佐之男命や子孫とともにまつられることが多くなったためか、農耕神というよりは、夫婦和合・縁結びの神として崇拝されている。

八重垣神社の鏡池は、縁結びのご利益で有名となっている。この地は二神が新居をかまえた須賀の跡といわれ、後に現在地に遷座《せんざ》されてきたと伝えている。

なお、当神社の奥には、八岐大蛇を退治した際に、櫛名田比売が身を隠したとする地もある。

神格・神徳

別称：奇稲田媛命・稲田姫命／**神格**：稲田神／**神徳**：縁結び・夫婦和合・授児・安産など／**神社**：八重垣神社（島根県松江市佐草町）・氷川神社（埼玉県さいたま市高鼻町）・八坂神社（京都府京都市東山区）ほか

須佐之男命と櫛名田比売の系譜

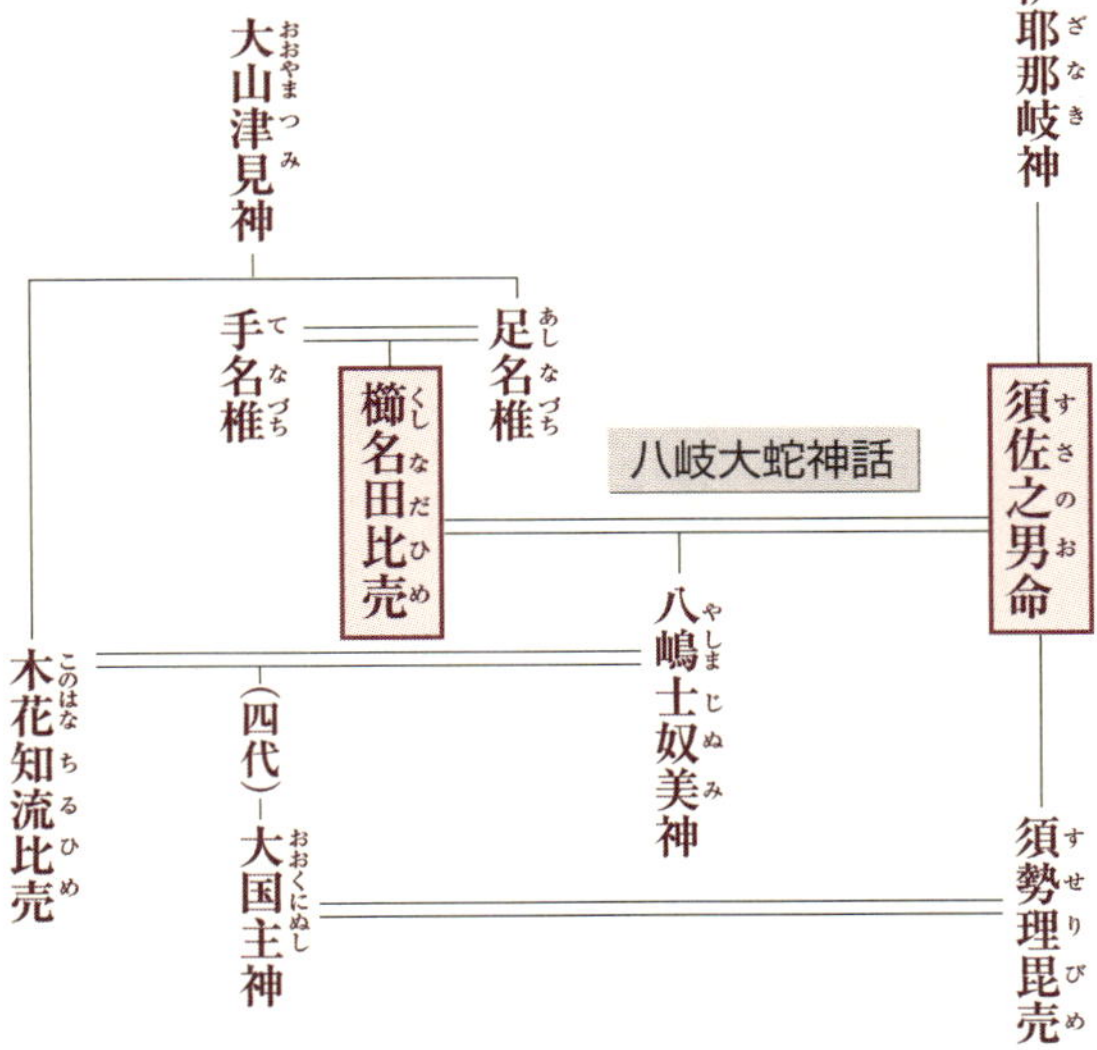

八岐大蛇を殺し櫛名田比売を助けた須佐之男命

（『鮮斎画譜』国立国会図書館蔵）

大国主神《おおくにぬしのかみ》――「偉大なる国の王」とよばれる出雲の祭神

縁結びの神として有名な出雲大社の祭神

大国主神《おおくにぬしのかみ》は縁結びの神としてあまりにも有名な出雲大社《いずもたいしゃ》の主神である。

『古事記』によれば、大国主神は須佐之男命から数えると第六世の子孫にあたる。葦原《あしはらの》中国《なかつくに》に君臨し、少名毘古那神《すくなびこなのかみ》らの協力を得て国作りに尽力。葦原中国をつくり終えたのち、最後には天孫邇邇芸命《ににぎのみこと》に国を譲り渡した。

天孫降臨以前の地上を支配した神であるが、かつては多くの兄弟のなかでも最も弱く、兄たちの荷物もちをさせられるなどいじめられていた。

ところで、大国主神は兄神たちと妃探しに出かける途中、傷ついたウサギを助け、それが功を奏して妻争いに勝った。これは有名な因幡《いなば》の白兎《しろうさぎ》の神話である。これによって、大国主神は兄神たちに憎まれる存在になった。そこで兄神たちの迫害を避け、須佐之男命のいる死者の国、根の国を訪れる。

根の国では須佐之男命からムカデの部屋にいれられるなど試練を受けるが、それらを克服し、三つの宝も手に入れる。

つまり、このような試練を経ることにより、大国主神はたくましい神に成長していったのである。

ところで、天孫に国を譲った大国主神は、条件を出している。それは出雲に立派な神殿をつくってもらい、そこに鎮座することである。これが今日の出雲大社である。

なおその際、神事のことは一切大国主神に任せる、と『日本書紀』に記されていることに留意すべきである。

福神の代表「だいこくさん」と大国主神

大国主神という神名は「国土を治める偉大な神」という意味である。前述したように、大国主神は多くの別名をもつことで知られている。たとえば『古事記』によれば、大穴牟遅神《おおなむちのかみ》、葦原色許男神《あしはらのしこおのかみ》、八千矛神《やちほこのかみ》、宇都志国玉神《うつしくにたまのかみ》などの名前がある。このように名前が多くあることに対する説明としては、元来は別々の神であったものがあとで一つにまとめられたと考えるのが妥当である。

ところで、なぜ出雲が国譲り神話の舞台になったのだろうか。一つの理由は、出雲には古くから国作りの神のルーツとなる伝承があったのである。

たとえば、『出雲国風土記《いずものくにふどき》』によれば、出雲には、余った土地を引き寄せて出雲の国土を作った神がいたという。つまり、国引き神話である。

また、この地は古くから国作りの神を信仰していたこと、その信仰を中心に、記紀神話で大国主神が国つ神の統合的な存在をはたしていったとも考えられる。

二つめの理由は、背景に古代出雲国家の存在があったとされている。大和朝廷が全国を統一する際、最後まで手こずった相手が出雲勢力とする説もあり、その歴史を踏まえて神話が形成された可能性も考えられるというのである。

その大国主神は、農業神などとして、また、妻争いに勝利したことから、縁結びの神として知られる。さらに、「大国」を「ダイコク」と音読したことから、七福神の「大黒さま」信仰とも結びつき、福の神としても親しまれている。

神格・神徳　**別称**：大穴牟遅神・葦原色許男神・八千矛神・宇都志国玉神／**神格**：国造りの神・農業神／**神徳**：産業開発・方除け・治病・交通安全・縁結びなど／**神社**：出雲大社（島根県出雲市大社町）・大神神社（奈良県桜井市三輪）・大和神社（奈良県天理市新泉町）ほか

大国主神の別名

古事記

大穴牟遅神《おおなむちのかみ》
葦原色許男神《あしはらのしこおのかみ》
八千矛神《やちほこのかみ》
宇都志国玉神《うつしくにたまのかみ》

日本書紀

大物主神《おおものぬしのかみ》
国作大己貴神《くにつくりおおなむちのかみ》
葦原醜男《あしはらしこお》
八千戈神《やちほこのかみ》
大国玉神《おおくにたまのかみ》
顕国玉神《うつしくにたまのかみ》

大国主神

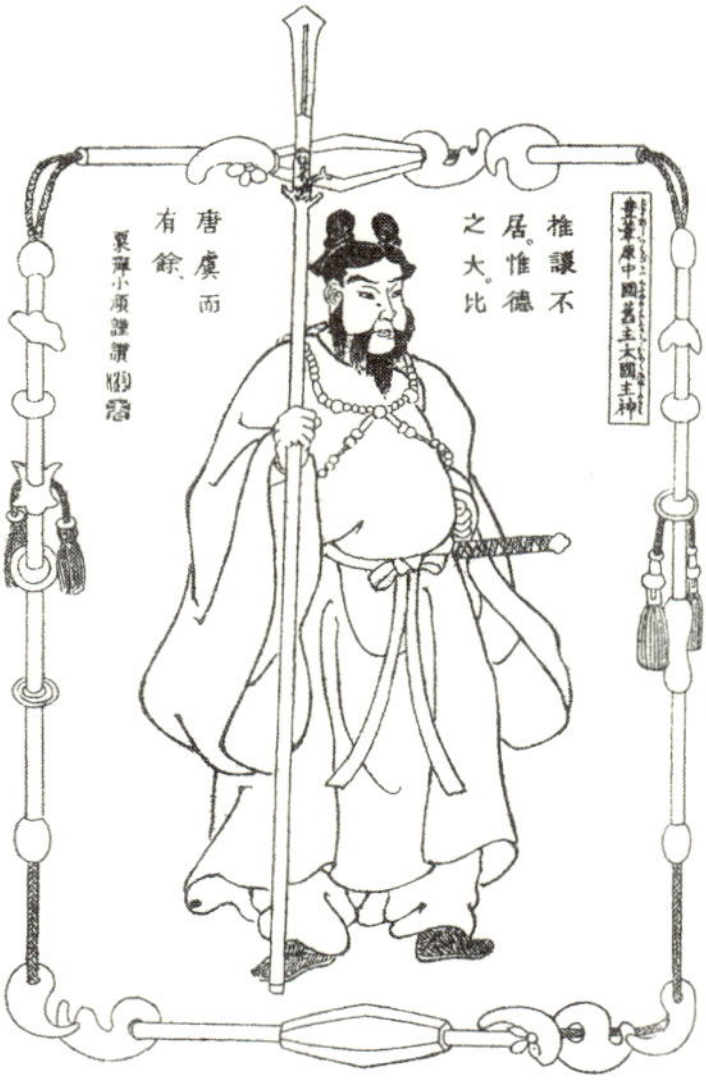

（『日本国開闢由来記』
国立国会図書館蔵）

大国主神が数多くの別名をもつのは、この神が多くの機能をもっていることを示している。だが、「大国主（偉大なる国の主）」「大穴牟遅（偉大なる地主の神）」「顕国玉（現実の国土に宿る霊力）」などの名から、大国主神は「国土の主宰神」であることがわかる。

大年神《おおとしのかみ》——「大歳さま」と崇敬される稲の実りを守護する神

神名の「トシ」が意味するものとは

大年神《おおとしのかみ》は、穀物の守護神である。父神は須佐之男命《すさのおのみこと》、母神は大山津見神《おおやまつみのかみ》の娘の神大市比売《かむおおちひめ》である。大年神の神名の「トシ」は、「穀物」という意味であるが、なかでも稲のことと解してよいであろう。この神は須佐之男命からつづく農耕神の系譜上にあり、多くの兄弟神の一柱には食物神で有名な宇迦之御魂神《うかのみたまのかみ》がいる。

この神について『古事記』では、御子とその子孫の系譜を記載しているだけにすぎないが、『古語拾遺《こごしゅうい》』には次のような記事がある。

農民たちに牛肉を食べさせた大地主神《おおとこぬしのかみ》の行為に憤慨した御歳神《みとしのかみ》は、イナゴを田に放った。すると、みるみるうちに稲が枯れてしまった。そこで大地主神は神意をたずね、御歳神に白猪、白馬、白鶏を捧げて謝罪した。

御歳神もそれに応えて、イナゴを除去する方法を教えたと記している。御歳神の「歳」

大年神の系譜

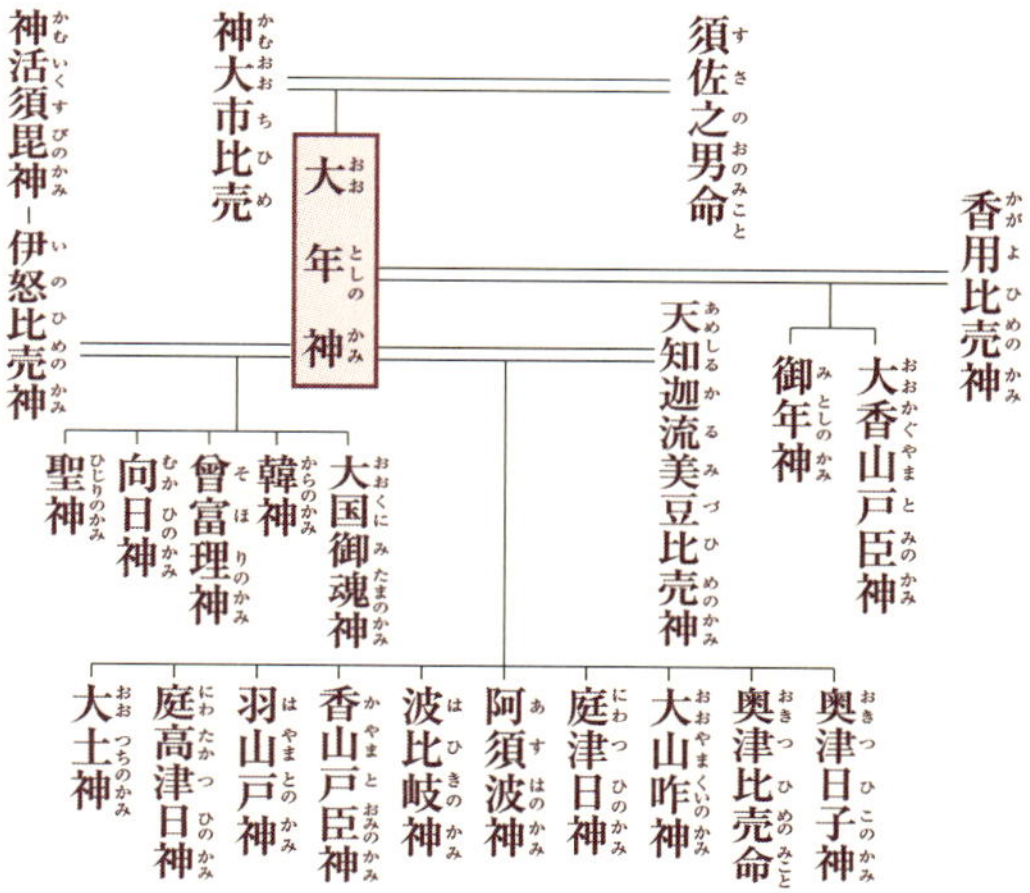

と大年神の「年」は同意である。
この神話は稲、すなわち生命を守護する御歳神に稲の実りを約束することで、日本人に生活の安定をもたらしたことを語っている。
こうして大年神は、日本の各地で「大歳《おおとし》さま」「年神《としがみ》さま」と尊ばれ、まつられるようになった。
とくに農耕社会では豊作は必要なことであるので、大年神・御歳神は、年のはじめに各家に迎えまつられる「歳神《としがみ》さま」と同一視されるようになった。

神格・神徳　**別称**：大歳神／**神格**：穀物の守護神／**神徳**：豊作祈願・商工業繁栄など／**神社**：大歳御祖神社（静岡県静岡市宮ヶ崎町）・飛騨一宮水無神社（岐阜県高山市一之宮町）ほか

少名毘古那神《すくなびこなのかみ》
——大国主神を助けて国作りに励んだ神

医薬・禁厭の神など、多彩な顔をもつ神

少名毘古那神《すくなびこなのかみ》は大国主神《おおくにぬしのかみ》の国作りに協力した神で、「少名御神《すくなみかみ》」ともいう。「少」は「小さい」との意である。

大国主神が出雲《いずも》の美保《みほ》の岬にいたとき、ガガイモで作った船にのって、蛾《が》の衣服を着た小さな神が近づいてきた。大国主神やほかの誰もその正体がわからず、天下のことをよく知る案山子《かかし》（山田の曽富騰《そほど》）に聞いたところ、神産巣日神《かむむすひのかみ》の御子で少名毘古那神だということが判明。そこで大国主神が神産巣日神に申し出ると「手の指からこぼれ落ちた私の子です。兄弟となって一緒に国作りをなさい」と答えたので、二神はともに国土の経営にあたった。だが、国作りの途中で、少名毘古那神は、常世国《とこよのくに》へと去っていったとある。

『日本書紀』などには、農耕神としての神格が記されている。この神の正体を明らかにしたのが、案山子であったことも、その神格を物語っているといえよう。

少名毘古那神

（『日本国開闢由来記』国立国会図書館蔵）

ガガイモの船に乗って流れついた少名毘古那神。「大国主神」に対する「少名毘古那神」であり、ここに大小で一対をなす存在であったことがわかる。

他方、この神は神功皇后《じんぐうこうごう》の歌のなかに、酒の神としても詠まれている。「風土記」では、国土開発、国作りの神、温泉神など多彩な神徳をもつ神とされる。

さらには、「手からこぼれ落ちた神」との記述から、「小さな神」だったことが知られ、一寸法師など小さな人の説話の原型ともされる。

少名毘古那神はのちに国作りを手伝った大国主神とともに奈良の大神《おおみわ》神社にまつられている。

神格・神徳
別称：少彦名命／**神格**：国作りの神／**神徳**：病気平癒・造酒・製薬など／**神社**：大神神社（奈良県桜井市三輪）・北海道神宮（北海道札幌市中央区宮ヶ丘）

大山咋神《おおやまくいのかみ》——山王信仰と結びついた鳴鏑神《なりかぶらのかみ》

◎日吉大社の東本宮の主祭神

大山咋神《おおやまくいのかみ》という神名の名義は「偉大な山の境界に設けられた杭」という意である。この場合の「くい」は「杭」で境界を示している。要するに山の守護神である。別名を山末之大主神《やますえのおおぬしのかみ》という。「山末」とは「山の頂上」の意、つまり山の頂上を支配する神である。

近江（滋賀）の比叡山《ひえいざん》に鎮座し、また京都の葛野《かどの》の松尾《まつのお》に鎮座し、『古事記』には鳴鏑《なりかぶら》をもつ神であると記載してある。これは鳴鏑そのものを神体とするという意味である。いわば、比叡山の山の神であり、日吉大社《ひよしたいしゃ》や京都の松尾大社の祭神でもある。

一方、この神は雷神としての神格をもちあわせている。たとえば、賀茂《かも》神社の縁起によれば、玉依姫《たまよりひめ》が丹塗矢《にぬりのや》と結婚して、賀茂別雷命《かもわけいかづちのみこと》を生んだとある。そのようなことから「鳴鏑神」ともいわれるようになったのであろうか。「鳴鏑」とは、鏑矢《かぶらや》が音をたてて鳴ることで、丹塗矢とは同類語で、雷神の性質をもつといわれるようになったと考えられる。

松尾大社の御神像

女神坐像

男神坐像（老年）

男神坐像（壮年）

松尾大社の「御神像三体」は神像彫刻の代表的なもので、うち、老年の男神が大山咋神の像ともいわれる。

また、大山咋神の兄弟神には、農耕の守護神が多いのも、この神が農耕に関係の深い水神、あるいは雷神の神格をもつことは確かである。さらに、この神は治水の守護神としても知られる。秦《はた》氏と賀茂氏はこの神をまつって活躍したのである。

最澄によって比叡山に天台宗が開かれ、大《やま》和国《とのくに》の大神《おおみわ》神社の祭神である大物主神《おおものぬしのかみ》を、比叡山の守護神とした。現在、日吉大社西本宮の祭神となっている。

神格・神徳　**別称**：山末之大主神・鳴鏑神／**神格**：山・治水の守護神・雷神／**神徳**：五穀豊穣・家内繁栄・厄除けなど／**神社**：日吉大社（滋賀県大津市坂本）・松尾大社（京都府京都市西京区）・日枝神社（東京都千代田区永田町）

天之忍穂耳命《あめのおしほみみのみこと》——珠から生まれた皇室の祖先神

天孫邇邇芸命の父親で皇室の祖先神

天之忍穂耳命《あめのおしほみみのみこと》は、天照大御神《あまてらすおおみかみ》と須佐之男命《すさのおのみこと》の誓約《うけい》から生じた神である。この場合の誓約は、お互いの持ち物を交換して神々を生むという内容で、最初に生まれたのが女神ならば天照大御神の勝ち、一方、男神であれば須佐之男命が勝ちという約束である。その方法はおおよそ次のようである。まず、須佐之男命は天照大御神の八尺瓊《やさかに》の五百箇《いおつ》の御統《みすまる》をもらいうけ、それに聖水を降り注いで、噛んで吐き捨てた。その霧から五柱の神が生まれた。最初に生まれたのがこの男神である。それで須佐之男命の勝ちとなった。

正式名は正勝吾勝勝速日《まさかつあかつかちはやひ》天之忍穂耳命という。「正勝吾勝」は、まさしく私（須佐之男命）は勝利したの意である。「勝速日」は「速やかな勝利の神霊《みたま》」をあらわし、「忍穂」は「多くの稲穂」を示している。

この場合、生んだのは須佐之男神であるが、天之忍穂耳命は天照大御神の持ち物から生

天之忍穂耳命の系譜

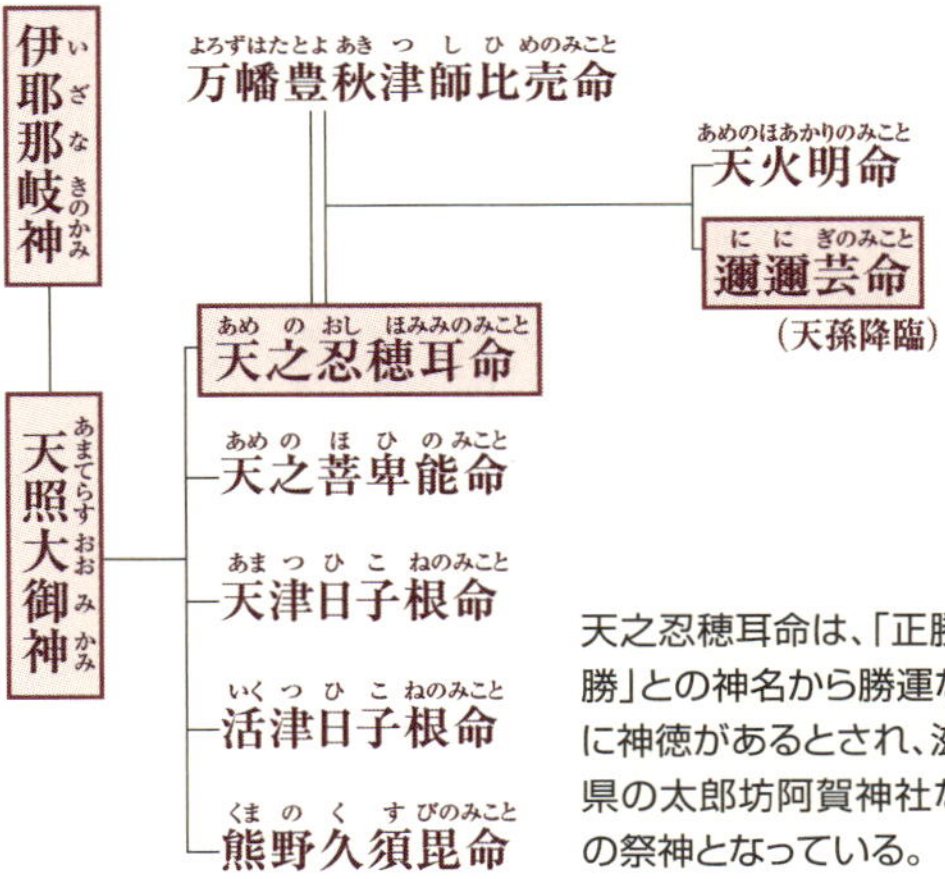

天之忍穂耳命は、「正勝吾勝」との神名から勝運などに神徳があるとされ、滋賀県の太郎坊阿賀神社などの祭神となっている。

まれたので、天照大御神の子とされる。

さて、天照大御神に育てられた天之忍穂耳命は、天孫降臨の段で再び登場する。建御《たけみ》雷神《かづちのかみ》によって国譲りが成功すると、天之忍穂耳命は天照大御神の降臨の復命を受けて準備をしているさなかに御子邇邇芸命《ににぎのみこと》が生まれたので、その御子を遣わすよう進言した。

なお、天之忍穂耳命の神名の「忍穂」は「稲穂」の意だが、この神が稲の神、農業生産の神であることを示す。

神格・神徳
別称：正勝吾勝速日天之忍穂耳命／**神格**：皇統の祖神／**神徳**：開運招福・産業発展など／**神社**：英彦山神宮（福岡県田川郡添田町）ほか

天宇受売命《あめのうずめのみこと》——天岩戸の前で舞い踊った芸能の守護神

天孫降臨に随伴した面勝《おもか》つ女神

天宇受売命《あめのうずめのみこと》は天岩戸《あめのいわと》の前で神懸《かみが》かりして踊ったことで有名な女神である。

天照大御神は須佐之男命《すさのおのみこと》の乱暴狼藉《ろうぜき》を受けて、天岩戸にこもられた。そのとき、胸乳をあらわにして、大地を踏み鳴らし、女陰を露出して踊ったのが天宇受売命である。そのことにより、天照大御神を天岩戸から誘い出すことに成功した。

この天岩戸前での天宇受売命の舞踏は、神懸かった踊りであることから、そこには神託や祭事の原型を見ることができる。また、天照大御神の復活をもたらしたことから、宮中での天皇の鎮魂祭や神楽の起源ともいわれている。神名の「ウズ」とは神事の際、髪にさす髪飾りの意で、ここに「まさきのかずら」をかんざしにした天宇受売命は神懸かって踊りをする巫女であったことになる。

天宇受売命は、この後、天孫邇邇芸命《ににぎのみこと》が高天原《たかまのはら》から降臨する際に、天照大御神から敵

天宇受売命と猿田毘古神

（『鮮斎画譜』国立国会図書館蔵）

天宇受売命が猿田毘古神の正体を明らかにしたことから、猿田毘古神に巫女として仕え、妻となったとの伝承もある。その子孫は宮中で神楽を舞う猿女君となった。

対する神にも気後れしない女神であると評されて一行に同行することになる。

邇邇芸命が降臨の際に道をふさぐ猿田毘古《さるたびこの》神《かみ》の正体を明らかにしたり、大小の魚どもに天孫に仕えることを約束させたりしている。このように、天神との交信の役を天宇受売命は担っている。

天岩戸での踊りが鎮魂祭の要素をもつとされ、この鎮魂祭や神楽は本来、神と通じ、神を供応するものであったのである。

神格・神徳　**別称**：天鈿女命／**神格**：神楽・技芸の祖神／**神徳**：技術向上・縁結び・夫婦円満・家族和合など／**神社**：椿大神社別宮の椿岸神社（三重県鈴鹿市山本町）・千代神社（滋賀県彦根市京町）ほか

建《たけ》御《み》雷《かづち》之《の》男神《おのかみ》
——国譲りを実行させた雷神・剣神・軍神

武神として、鹿島神宮の主祭神に

建御雷之男神《たけみかづちのおのかみ》は、伊耶那岐神《いざなきのかみ》が火之迦具土神《ひのかぐつちのかみ》の首を斬《き》った際に、岩にとびちった血から生じた三神のうちの一神である。

古来、武神・軍神として信仰され、その威力は国譲り神話において発揮された。

建御雷之男神は、天照大御神《あまてらすおおみかみ》の使者として、地上の葦原中国《あしはらのなかつくに》に派遣され、大国主神《おおくにぬしのかみ》に国譲りを迫ったが、そのとき国譲りを拒む大国主神の子である建御名方神《たけみなかたのかみ》の手を握りつぶして力を発揮し、ついに国譲りを実現させ、葦原中国を平定したのである。

このように武神として活躍する建御雷之男神だが、その根底にあるのは、雷神である。雷を古くは「鳴神《なるかみ》」とよぶように、天にいてゴロゴロと鳴り響く神で、荒々しい神格を示したものである。雷神といえば伊耶那岐神が黄泉国《よみのくに》を訪れたとき、伊耶那美神《いざなみのかみ》の体の各部分にまとわりついていた八種類の雷神の恐ろしいイメージとも重なる。恐らく古代の人び

鹿島要石真図

建御雷之男神は武道守護のみならず、国家鎮護、病気平癒、開運、長寿、交通安全などの守護神として多くの人びとから崇拝されている。とくに地震除けに関する信仰はユニークで、画面上部には鹿島神宮の要石、下部には鹿島大明神（武甕槌大神）が安政地震を起こした鯰《なまず》の頭を剣で押さえているところが描かれる。

（日本銀行金融研究所貨幣博物館蔵）

とは、雷を物を切り裂く威力がある剣になぞらえたものと思われるが、一方、その恐ろしさは、正義の力ともなったようである。

またこの神は、茨城県の鹿島神宮《かしまじんぐう》の祭神、鹿島神としても知られる。この地が朝廷軍の東北遠征の拠点であり、この神は大和朝廷の守護神となった。その建御雷之男神を、春日《かすが》の地に迎えて勧請《かんじょう》したのが中臣《なかとみ》（藤原）氏の氏神《うじがみ》の春日大社である。

神格・神徳

別称：武甕槌神・建甕槌神・建御雷神・建布都神／**神格**：雷神／**神徳**：武道守護・病気平癒・開運・長寿など／**神社**：鹿島神宮（茨城県鹿嶋市宮中）・石上神宮（奈良県天理市布留町）・春日大社（奈良県奈良市春日野町）・枚岡神社（大阪府東大阪市出雲井町）

事代主神《ことしろぬしのかみ》

——国譲りを承知させた大国主神の御子

国譲りを承知し、七福神の恵比寿さんと習合した神

事代主神《ことしろぬしのかみ》は、大国主神《おおくにぬしのかみ》の多くの御子神《みこがみ》のなかでもっとも父神から信頼されていた神である。大国主神は「自分には大勢の御子神がいるが、事代主神がそれらの御子神たちの先頭に立ち、また後尾《こうび》についてお仕えすれば、万事うまくいくに違いない」と述べている。

天照大御神《あまてらすおおみかみ》から派遣されてきた建御雷之男神《たけみかづちのおのかみ》から葦原中国《あしはらのなかつくに》を譲り渡すよう迫られたとき、大国主神は御子の事代主神に代弁させている。そのとき事代主神は美保《みほ》の岬へ魚を取りに出かけていたが、大国主神は御子神の事代主神に聞いてほしいと答えている。

それで使者が事代主神を呼び寄せてたずねたところ、事代主神は、国土は天神に奉ると応じたのである。

そして、すぐに事代主神は舟を踏み傾け、手の甲と甲を打って普通とは逆の拍手《かしわで》を打ち、青々とした柴垣のなかに隠れてしまった。

美保神社

事代主神をまつる島根県松江市美保関の美保神社。4月7日には国譲神話を神事として今に伝える青柴垣神事が行なわれる。

事代主神の系譜

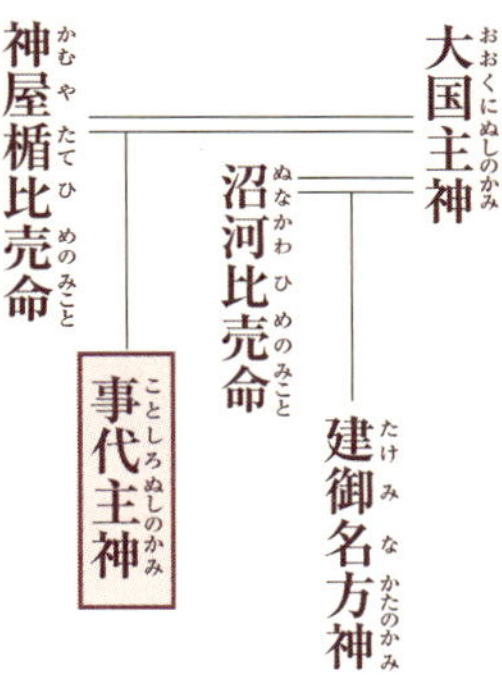

事代主神の事は「言」、「代」は「知る」の意とされ、「言を司る神」という説が定説になっている。事代主神が父に助言している点から見ても、この神が宣託《せんたく》を司る神、つまりお告げを伝える神だったことがわかる。

ところで、事代主神は民間信仰では、七福神の恵比寿《えびす》と同一神とされている。七福神の多くは、インドや中国などにルーツがあるが、この恵比寿だけは例外で、日本固有の神の事代主神のこととされている。

神格・神徳　**別称**：事代主命／**神格**：託宣の神／**神徳**：五穀豊穣・海上安全・大漁満足・商売繁盛・安産など／**神社**：美保神社（島根県松江市美保関町）・長田神社（兵庫県神戸市長田区長田町）・三嶋大社（静岡県三島市大宮町）ほか

建《たけ》御《み》名《な》方《かた》神《のかみ》
―国譲りに抵抗し諏訪に逃れた水神

建御雷之男神に諏訪まで追いつめられた神

国譲りに最後まで抵抗したのが、建御名方神《たけみなかたのかみ》である。大国主神《おおくにぬしのかみ》の御子神《みこがみ》である。天《あま》照《てらす》大御神《おおみかみ》の使者としてつかわされてきた建御雷之男神《たけみかづちのおのかみ》の国譲りの要請に、事代主神《ことしろぬしのかみ》は承服したものの、建御名方神は承知しないで、力比べに挑んだのである。しかし、建御名方神は建御雷神に手を握りつぶされ、出雲を逃げ出した。

建御名方神は、信濃《しなの》の州羽《すわ》の海（諏訪湖《すわこ》）で追い詰められた。そして、「わたしを殺さないでくれ。もうこの諏訪から二度と外へは出ない」と服従したのである。ここで、国譲りを拒むものはいなくなり、天孫降臨が実行に移されることになった。そして、建御名方神は諏訪に鎮座したのである。この建御名方の神名の由来については諸説ある。「御名方」は「南方」という意味で、製鉄炉の南方の元山柱《もとやまばしら》のことであるとか、風神あるいは宗像《むなかた》神との関連を示唆する説などがある。本来は「水な方」または「水潟《みなかた》」であり、諏訪湖の

諏訪大社

建御名方神は長野県諏訪市の諏訪大社の祭神であり、全国の諏訪神社にまつられている。諏訪の神は本来、農業神・狩猟神であったが、建御名方神と結びつくことで武神としても崇拝されることとなった。

建御名方神

（『神仏図会』国立国会図書館蔵）

水神であったと考えられる。

また、諏訪地方は、東北地方への重要拠点の一つであったことから、朝廷支配の一環として、この神が記紀神話に加えられたとの説もある。

その際、朝廷祭祀の中枢にいた中臣《なかとみ》氏の氏《うじ》神《がみ》である建御雷之男神が、建御名方神を破ったという話に転じたという。諏訪地方の伝承では、外来の建御名方神が土着神と争って勝ち、諏訪に鎮座したとする。

神格・神徳

別称：武南方神／**神格**：武神・農業の守護神・海の守護神など／**神徳**：航海安全／**神社**：諏訪大社〈本宮・前宮・春宮・秋宮〉（長野県諏訪市中洲宮山・茅野市宮川・諏訪郡下諏訪町）・諏訪神社（長崎県長崎市上西山町）

邇邇芸命《ににぎのみこと》

――天孫降臨した葦原中国の初代統治者

高千穂に降り、木花之佐久夜毘売と結婚した天孫

大国主神《おおくにぬしのかみ》が国譲りを承諾し、ここに天界の神々が地上界の葦原中国《あしはらのなかつくに》を統治することになった。そのために天之忍穂耳命《あめのおしほみみのみこと》の御子であり、天照大御神《あまてらすおおみかみ》の御孫にあたる邇邇芸《ににぎの》命《みこと》が葦原中国に天降った。この神話は天孫降臨とよばれ、そこには天皇家の由来が説明されている。天照大御神の御孫である邇邇芸命が高天原《たかまのはら》から降臨することは、高天原と葦原中国を結ぶきわめて重要な意味をもつ。その天孫が降臨するまでの経緯は、おおよそ次のように語られている。

葦原中国の国譲りが決定した後、邇邇芸命は天照大御神から、父神の天之忍穂耳命に代わり、葦原中国を統治するようにとの神勅を受け、降臨することとなった。

邇邇芸命は、天児屋命《あめのこやねのみこと》、布刀玉命《ふとだまのみこと》、伊斯許理度売命《いしこりどめのみこと》、玉祖命《たまのやのみこと》らを従者にあてがわれ、猿田毘古神《さるたびこのかみ》の先導を得て、雲をかきわけて、筑紫《つくし》の日向《ひむか》の高千穂《たかちほ》に降られた。

そして、朝鮮半島に相対し、朝日がさし、夕日が明るいこの地を気に入り、立派な宮殿を建てて住居とされたのである。

やがて邇邇芸命は国つ神である大山津見神《おおやまつみのかみ》の娘、木花之佐久夜毘売《このはなのさくやびめ》と出会って結婚し、日子穂穂手見命《ひこほほでみのみこと》など三柱の御子神をもうけた。

その日子穂穂手見命の孫が初代の神武《じんむ》天皇である。邇邇芸命は、天孫降臨から初代天皇の神武へとつづく日向三代神話の初代にあたり、そこには高天原の神が地上に降りてこられて統治するに至る過程が記されている。つまり、この神話は天神が天皇家（皇室）の祖先であり、その天皇家が地上を支配する正統性の大きな根拠となっているのである。

稲穂の神が地上に五穀豊穣をもたらす

天照大御神は天孫降臨に際し、天皇に関する極めて重要なものをいくつか授けた。

まず、邇邇芸命自身がその一つである。

邇邇芸命の正式な名称は、天邇岐志国邇岐志天津日高日子番能邇邇芸命《あめにぎしくににぎしあまつひこひこほのににぎのみこと》である。

この長い神名のなかで、「天にきし国にきし」とは「天地が豊かににぎわうこと」であり、「穂のににぎ」は「稲穂の豊穣」の意である。このように邇邇芸命という神名には稲穂の神としての意味がふくまれる。

さらに邇邇芸命一行が降り立った高千穂は、本来、稲を積み上げた祭場であり、神霊が降りる地とされていた。その上に降り立った邇邇芸命は、古代の天皇が、天から降ってきた穀神であったことを象徴する神だったとも説かれている。

次に、天照大御神は、邇邇芸命に三種の神器、すなわち八尺瓊勾玉《やさかにのまがたま》、八咫鏡《やたのかがみ》、草薙剣《くさなぎのつるぎ》を授けた。なかでも、鏡は天照大御神の魂と思ってまつるようにとあり、伊勢神宮の内宮の起源ともなっている。

これらは、天皇の位（皇位）の継承を示す大切な神器であり、それらが天からもたらされたということが、天皇統治の正統性を物語る根拠なのである。

また、この天孫降臨自体が、天皇の即位儀礼である大嘗祭《だいじょうさい》の起源だともいわれている。

こうして、天孫邇邇芸命の降り立った地が九州だったことから、この神は九州地方の神社にまつられる場合が多いのである。

神格・神徳 **別称**：天津日高日子番能邇邇芸命・瓊瓊杵尊／**神格**：皇室の祖先神／**神徳**：五穀豊穣・国家安泰・家内安全・厄払いなど／**神社**：霧島神宮（鹿児島県霧島市霧島田口）・新田神社（鹿児島県薩摩川内市宮内町）

邇邇芸命と日向

高千穂峰

（宮崎県・鹿児島県の県境）

霧島火山群の南端にあり、標高は1574m。邇邇芸命が五伴緒（いつともの
お）を従えて高天原から降り立った地とされる。山頂には天逆鉾がある。

槵触《くしふる》神社

（宮崎県西臼杵郡高千穂町）

主祭神に邇邇芸命、相殿に天児屋根命・布都怒志命・布刀玉命・建御雷命をまつる。明治6年には、二上神社と改称されたが、明治43年に旧社名に戻された。

高千穂神社

（宮崎県西臼杵郡高千穂町）

創建はおよそ1800年前といわれ、邇邇芸命・山幸彦・鵜葺草葺不合命の日向三代などをまつる。天慶年間（938～947）に高千穂88社の総社とされた。国指定の重要有形文化財の社殿、樹齢800年の秩父杉が有名である。

霧島神宮

（鹿児島県霧島市）

祭神は瓊瓊杵尊。社伝では、欽明天皇の時代の540年に、僧の慶胤が社殿を建て、瓊瓊杵尊をまつったのがはじまりとされる。

西都原《さいとばる》古墳群

（宮崎県西都市）

古墳群はおもに前方後円墳や円墳からなり、全体では約330基にもなる。古墳は5～6世紀のものとされ、唯一の横穴式石室群（鬼窟屋古墳）もある。

木花之佐久夜毘売《このはなのさくやびめ》――「一夜はらみ」で不義を疑われた邇邇芸命の妻

火の中から生まれた火照命、火須勢理命、火遠理命

神話の舞台は、天上から地上へと移る。地上に降臨した邇邇芸命《ににぎのみこと》は、九州南西の笠沙《かささ》の岬で美人と出会う。彼女は、名前を木花之佐久夜毘売《このはなのさくやびめ》といい、大山津見神《おおやまつみのかみ》の娘である。そこで邇邇芸命は、大山津見神に木花之佐久夜毘売との結婚を申しこんだ。天神の求婚に喜んだ大山津見神は、木花之佐久夜毘売とともに姉の石長比売《いわながひめ》をも差し出してきた。

しかし、姉は醜かったため、邇邇芸命は姉を送り返して、木花之佐久夜毘売とだけ結婚する。それを見た大山津見神は嘆いた。それというのも、その二女神たちは、邇邇芸命にとって重要な意味をもっていたからである。まず、姉の石長比売は、岩のように不変なことを意味している。しかも、邇邇芸命の永遠の命を約束するものである。次の木花之佐久夜毘売は花が咲き誇るように繁栄していくものの、はかない運命の象徴でもあった。その姉を送り返したことにより、邇邇芸命の命は不変ではなくなってしまったのである。これ

が、天皇の寿命が短くなったきっかけだという。

さて、邇邇芸命の妻となった木花之佐久夜毘売は、一夜で妊娠したために、邇邇芸命から国つ神の子ではないかと疑われる。

木花之佐久夜毘売は、身の潔白を示すために、「天神の御子なら火のなかで誕生しても死なないはずである」と誓約《うけい》して、産屋《うぶや》に火を放って火中で御子たちを出産したのである。

火の中から生まれたのが、火照命《ほでりのみこと》、火須勢理命《ほすせりのみこと》、火遠理命《ほおりのみこと》の三御子神であった。

その末子の火遠理命が、天皇家の系譜へとつながっていくのである。

◎富士山をまつる浅間神社の祭神

この神話は、死の起源と火中出産を、美しい乙女が彩るという内容になっている。

死の起源は、天神の子孫である天皇に寿命ができた、つまり死ぬことの由来を語るために取り入れられたものとされる。つぎに、木花之佐久夜毘売は、火中で出産して三御子神を生み、身の潔白を証明したが、これに対しては、火の呪力による神性賦与《ふよ》とする説や、焼畑農耕を基盤にしたとする説などがある。

いずれにしろ、天神（神代）から天皇（人代）へとつづく系譜のなかで、邇邇芸命が山の神の娘である木花之佐久夜毘売と結婚したことは留意すべき問題を含んでいる。

その一つは、この聖婚により天皇が天の世界だけでなく、山の支配、引いては地上の世界の支配力をも手に入れたことを示していることである。

さて、この神話のヒロインである木花之佐久夜毘売は、花が咲くように美しいという意味だが、この花を桜とする見解もある。また、木花之佐久夜毘売は、別名を神阿多都比売《かむあたつひめ》という。

この神名から、木花之佐久夜毘売は薩摩《さつま》（鹿児島県）の阿多《あた》の隼人《はやと》との関連もうかがえる。なお、火照命は隼人の祖とされている。

木花之佐久夜毘売は、火を鎮め、出産したことから、後世になると火山である富士山をまつる浅間《せんげん》神社の祭神となり、静岡県の浅間大社を筆頭に火難厄除や安産の神などとして、各地の浅間神社にまつられることになった。また、『日本書紀』では、お酒を醸《かも》して御子の誕生を祝ったことから、酒の守護神ともされている。

神格・神徳　**別称**：木花開耶媛命・神阿多都比売命・豊吾田津姫命など／**神格**：火の神・航海、漁業、酒の守護神など／**神徳**：家庭円満・安産・火難消除など／**神社**：富士山本宮浅間大社（静岡県富士宮市宮町）・静岡浅間神社（静岡県静岡市宮ヶ崎町）ほか

木花之佐久夜毘売の系譜

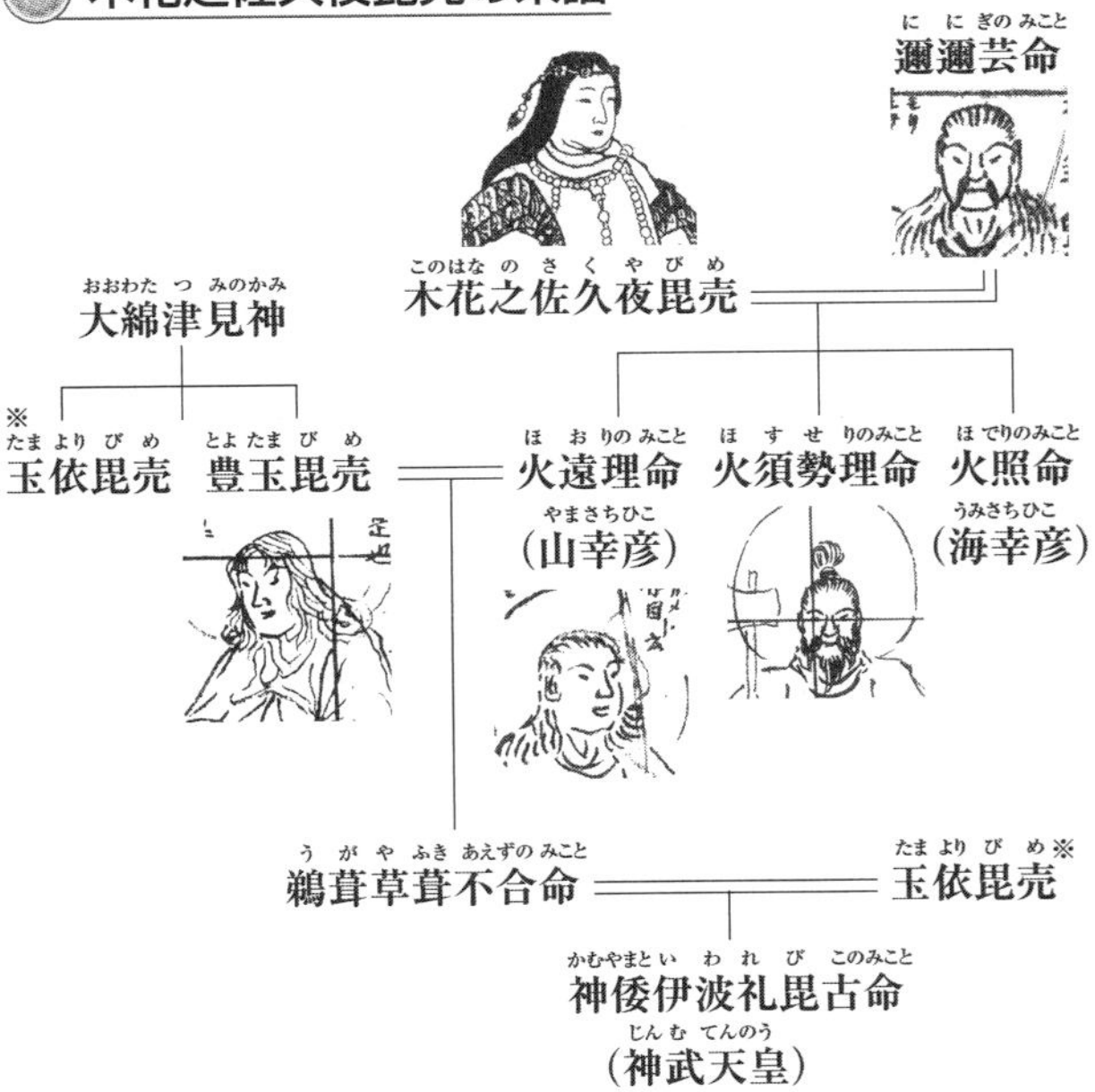

吉田の火祭り（富士吉田市）

吉田の火祭りは北口本宮富士浅間神社と境内社諏訪神社の秋祭り。
木花之佐久夜毘売による火中出産の神話にちなんでいるという。

火照命《ほでりのみこと》・火須勢理命《ほすせりのみこと》・火遠理命《ほおりのみこと》――火のなかから生まれた三兄弟

海幸彦と山幸彦、そして大綿津見神

火照命《ほでりのみこと》、火須勢理命《ほすせりのみこと》、火遠理命《ほおりのみこと》は、天孫降臨した邇邇芸命《ににぎのみこと》を父神とし、山の神大山津《おおやまつ》見神《みのかみ》の娘の木花之佐久夜毘売《このはなのさくやびめ》を母神として生まれた三兄弟である。この三兄弟は、母神が不義の潔白をはらすために、火中で誕生したことから、「火」の字がつけられた。

この「火《ひ》」は稲の「穂《ほ》」に通ずるともいわれる。いわば、火がさかんに燃えることを稲が成長するさまにたとえたものである。したがって、第一子は稲が赤く照り輝くさま、第二子は稲が成熟するさま、第三子は稲が実ってたわむさまをあらわした名前とも説かれる。神武《じんむ》天皇につながる末っ子の火遠理命は、別名を天津日高日子穂穂手見命《あまつひこひこほほでみのみこと》といい、これは稲穂を神格化したものという。

それらの三兄弟のうち、第二子の火須勢理命はこの後の神話には登場しないが、第一子の火照命と第三子の火遠理命はそれぞれ海幸彦《うみさちひこ》、山幸彦《やまさちひこ》と称して、次のような神話を彩ることになる。

山幸は狩猟、兄の海幸は漁を生活の糧《かて》として暮らしていた。山幸は、兄と道具を交換してもらったものの、釣り針を紛失してしまう。山幸は、なくした釣り針を償おうとするが、海幸はもとの針を返すようにと承知してくれないのである。

途方に暮れていた山幸の前にあらわれたのが、海のことは何でも知っている塩椎神《しおつちのかみ》である。山幸は塩椎神の助言で海神の綿津見神《わたつみのかみ》の宮殿を訪ね、海の宮殿で歓待され、海神の娘の豊玉毘売《とよたまびめ》と結婚した。

三年後、憂《うれ》いにしずむ山幸の心情を察した妻のはからいで、陸へ帰ることになった。帰還に際して、山幸は綿津見神になくした釣り針を探してもらう。そして、兄を懲《こ》らしめるための水を司る呪文と塩満珠《しおみつのたま》、塩乾珠《しおひのたま》も授けられた。それを使ったところ、兄の海幸は次第に貧しくなった。そして、怒った兄が攻めてきたとき、山幸は塩満珠と塩乾珠を使って兄を溺れさせ、兄を屈服させた。以後、海幸は弟山幸の守護をすることを誓った。

一方、豊玉毘売が山幸（火遠理命）の子を懐妊し、海岸で誕生した。そのとき生まれた御子が神武天皇の父、鵜葺草葺不合命《うかやふきあえずのみこと》である。つまり、山幸は、初代天皇の祖父神となったのである。ただし、出産の際、豊玉毘売が部屋のなかを見ないように懇願するも、山幸は約束を破り、ワニザメに戻った妻の姿を見てしまった。そのため、豊玉毘売は海へと戻ってしまうのであった。ここに、陸と海の境ができたのである。

海神との娘との結婚で山と海を支配した山幸

この神話は、統治者である初代天皇の神武へとつながる系譜のなかで重要な意味をもっている。火遠理命は、母から山の霊力を受け継いだ。しかし、穀物の神である火遠理命はそれだけでは不十分であり、豊穣を左右する水の力が必要だった。

そのため海神の娘と結婚し、その霊力を受け継ぐことになったのである。そして、兄のものであった海の世界をも支配し、地上の支配権を手中にした。その役目を終えた火遠理命は、高千穂《たかちほ》の宮に五八〇年住まわれたという。

火遠理命が、天孫降臨の場であり、稲穂に関わりが深い高千穂に住居を定めたのも、天孫としての系譜と、穀物神としての性質をあわせもったことを示しているといえよう。

神格・神徳 **別称**：［火照命］海幸彦・火闌降命、［火遠理命］山幸彦・天津日高日子穂穂手見命・彦火火出見命／**神格**：穀物神／**神徳**：虫除け（火遠理命）／**神社**：［日子穂穂手見命をまつる神社］鹿児島神宮（鹿児島県霧島市隼人町）

海幸彦と山幸彦

海幸彦と山幸彦はお互いの道具を交換する。山幸彦は獲物を得られず、海幸彦から借りた釣り針をなくしてしまう。

↓

塩椎神の助言により、山幸彦は海中の海神の宮へ赴き、豊玉毘売と結婚し、釣り針を手に入れる。

↓

3 年後に山幸彦が海神の世界から戻る際、海神は、釣り針を海幸彦に返す際の呪詛の詞と所作（後ろ手に針を渡すこと）、水を自由に操る塩満珠・塩乾珠などを与える。

↓

山幸彦は教えられたとおりにことを運び、海幸彦の田は凶作に。これに怒った海幸彦は山幸彦を攻めた。

↓

山幸彦は塩満珠・塩乾珠で海幸彦を迎え撃ち、海幸彦は山幸彦に屈服する。

綿津見神（海神）の宮から戻る山幸彦

（『鮮斎画譜』国立国会図書館蔵）

豊玉毘売《とよたまびめ》——富と権力を約束する神武天皇の祖母神

大きなワニの姿を見られた豊玉毘売のその後

豊玉毘売《とよたまびめ》は海神・大綿津見神《おおわたつみのかみ》の娘であったが、釣り針を探しに来た火遠理命《ほおりのみこと》と知り合って、その妃となった。やがて兄を屈服させた火遠理命のもとに赴いた豊玉毘売であったが、火遠理命に大きなワニの姿に戻って子を産んでいたところをのぞかれてしまう。そして、恥ずかしく思って夫と生んだ鵜葺草葺不合命《うかやふきあえずのみこと》に心を残しながらも、海の世界と地上の世界を区切る海坂《うなさか》を遮断して海へと戻っていった。

その後、御子の養育のために、豊玉毘売は妹の玉依毘売《たまよりびめ》を夫のもとへ遣わした。その玉依毘売が、甥であり養育した御子の鵜葺草葺不合命と結婚してもうけた子が神倭伊波礼毘古命《かむやまといわれびこのみこと》（神武《じんむ》天皇）である。

この物語は、鶴女房など、男が見るなの禁を犯したために、夫婦別離を招くのと同類の物語である。しかし、それらの話と同じく、男性は異族の娘と結婚することにより、富や

豊玉毘売

（『鮮斎画譜』国立国会図書館蔵）

鵜の羽で産屋をつくる豊玉毘売。だが、産屋が完成する前に産気づいてしまう。

権力を手に入れる。

この場合、火遠理命は海神の娘と結婚することで富と権力を得て、海と山と地上の支配権を手に入れた。なお、豊玉毘売や玉依毘売の「玉」は神霊の意であり、巫女《みこ》の力をもっていたことを示す。

また、父の大綿津見神が海神であり、貧富を司る神であることから、豊玉毘売は水神であり、安産の神であるとともに、富と権力の象徴ともされている。

神格・神徳

別称：豊玉媛尊／**神格**：海の神／**神徳**：安産・縁結び・子孫繁栄／**神社**：海津神社（長崎県対馬市峰町）・豊玉姫神社（鹿児島県知覧町）、高忍日売神社（愛媛県伊予郡松前町）ほか

猿田毘古神《さるたびこのかみ》
——天孫降臨の先導役を務めた道案内の神

道祖神と習合して崇敬される岐の神

猿田毘古神《さるたびこのかみ》の「猿田《さるた》」は、琉球語《りゅうきゅう》の「先導」を意味する「さだる」が変化したか、「神稲の田」の意であるともいわれ、定かではない。また、猿田毘古神は国つ神でありながら、「大神」の尊称がつけられた神でもある。この神は邇邇芸命《ににぎのみこと》の天降りを先導した神として知られる。邇邇芸命が天降ろうとした際、天の辻から、高天原《たかまのはら》、葦原中国《あしはらのなかつくに》すべてをあまねく照らす神がいた。そこで、天宇受売命《あめのうずめのみこと》がお問いになったところ、猿田毘古神は正体を明かし、天つ神の先導を務めるためにお迎えに参上したという。こうして、猿田毘古神は一行を先導し、邇邇芸命を高千穂《たかちほ》に無事降臨させたのである。なお、出自については、伊勢で漁をして、溺れて泡から神が成った話があり、伊勢の海人系の豪族が信仰した神という説や、光を照らして先導したことから、伊勢の太陽神との説もある。

天照大御神《あまてらすおおみかみ》を伊勢神宮《いせじんぐう》の祭神とする際、土着の猿田毘古神を従属させるためにこの神

猿田毘古神

（『鮮斎画譜』国立国会図書館蔵）

天孫降臨を控えた一行の前に現われた異形の神・猿田毘古神。『日本書紀』によると、猿田毘古神は後に伊勢の五十鈴川に住んだとされ、現在、伊勢神宮の猿田彦神社にまつられている。

話を入れたとする考え方もある。伊勢に関しては、また、猿田毘古神は、伊勢信仰の隆盛に伴い、民間でも親しまれた。天孫の道案内をしたことから、岐《ちまた》の神として辻にまつられる道祖神《どうそじん》のこととされる。

道祖神とは、村の守り神であり、交通安全の神である。そのようなことから、猿田毘古神は道案内の神、交通安全の神として信仰をあつめている。

神格・神徳　**別称**：猿田彦命／**神格**：国土守護の神／**神徳**：方災解除・厄払い・家内安全・無病息災・交通安全など／**神社**：椿大神社（三重県鈴鹿市山本町）・猿田彦神社（三重県伊勢市宇治浦田町）・伏見稲荷大社（京都府京都市伏見区深草藪之内町）ほか

鵜葺草葺不合命《うかやふきあえずのみこと》
――山と海の霊力を受け継ぐ日向三代の最終神

山と海の両方の霊力を受け継いだ神

鵜葺草葺不合命《うかやふきあえずのみこと》は、火遠理命《ほおりのみこと》（山幸彦《やまさちひこ》）と海神の娘の豊玉毘売《とよたまびめ》との間に生まれた。母神は出産後、故郷の海へ帰ってしまったため、鵜葺草葺不合命は代わりに遣わされてきた母の妹玉依毘売《たまよりびめ》に育てられることになる。

成長後、鵜葺草葺不合命はその玉依毘売と結ばれ、五瀬命《いつせのみこと》、稲氷命《いなひのみこと》、御毛沼命《みけぬのみこと》、若御毛沼命《わかみけぬのみこと》の四人の子をもうけた。その四子のうち、末子の若御毛沼命は別名を神倭伊波礼毘古命《かむやまといわれびこのみこと》といい、後に即位して神武天皇となる。

鵜葺草葺不合という神名は、母神の豊玉毘売が鵜の羽で屋根を葺《ふ》いた産屋《うぶや》をつくろうとしたが、葺き終わらないうちに出産したことから命名されたという。

鵜葺草葺不合命が母神と別離し、母神の妹に育てられ、その養母を妻に迎えているのは、現代からすれば理解に苦しむが、古代の母系家族社会を物語っているのかもしれない。

鵜葺草葺不合命

（『萬物雛形画譜』
国立国会図書館蔵）

この神は、邇邇芸命《ににぎのみこと》、火遠理命とつづく日《ひ》向《むか》三代の神話の最後にあたる。この三代の系譜は、それぞれの神が山の神、海の神と結婚し、地上の支配権を確立したと同時に、豊玉毘売により陸と海との境ができて自由に海へ行き来できなくなった理由など、神の世界から人間の世界への移行が随所で語られている。

つまり、鵜葺草葺不合命は、山と海の両方の霊力を受け継ぎ、地上支配を確固たるものとした集大成の神といえよう。

神格・神徳　**別称**：天津日高日子波限建鵜葺草葺不合命・彦波瀲武鸕鷀草葺不合尊／**神格**：農業神／**神徳**：夫婦和合・安産・延命長寿など／**神社**：鵜戸神宮（宮崎県日南市宮浦）

玉依毘売《たまよりびめ》——巫女として神霊を憑依させる女性

神武天皇の生みの親となった海神の大綿津見神の娘

玉依毘売《たまよりびめ》は、海神の大綿津見神《おおわたつみのかみ》の娘で、神倭伊波礼毘古命《かむやまといわれびこのみこと》（神武《じんむ》天皇）の母神である。鵜葺草葺不合命《うかやふきあえずのみこと》をなぎさに産みおいて、故郷の海に帰った姉の豊玉毘売に代わってこの鵜葺草葺不合命を養育した女神である。後に、その鵜葺草葺不合命と結婚して四人の子を出産した。その末子が日本の初代天皇の神武天皇である。

天皇の母神として重要な位置にある玉依毘売だが、玉依毘売という名称、それにまつわる伝承や神話は、『古事記』のなかでもこれだけではなく、「風土記《ふどき》」などにも登場する。

この玉依毘売という神名は、神霊が憑依《ひょうい》する意であり、巫女《みこ》的な性格をもつことをあらわす。したがって「玉依」は固有名詞としてではなく、巫女としての神名なのである。神と神婚し、処女懐胎、すなわち、神秘的な方法で神の子を生む女性を示す。たとえば、『古事記』の崇神《すじん》天皇の段では、三輪《みわ》の大物主神《おおものぬしのかみ》の妃として玉依毘命の名前が見える。

玉依毘売

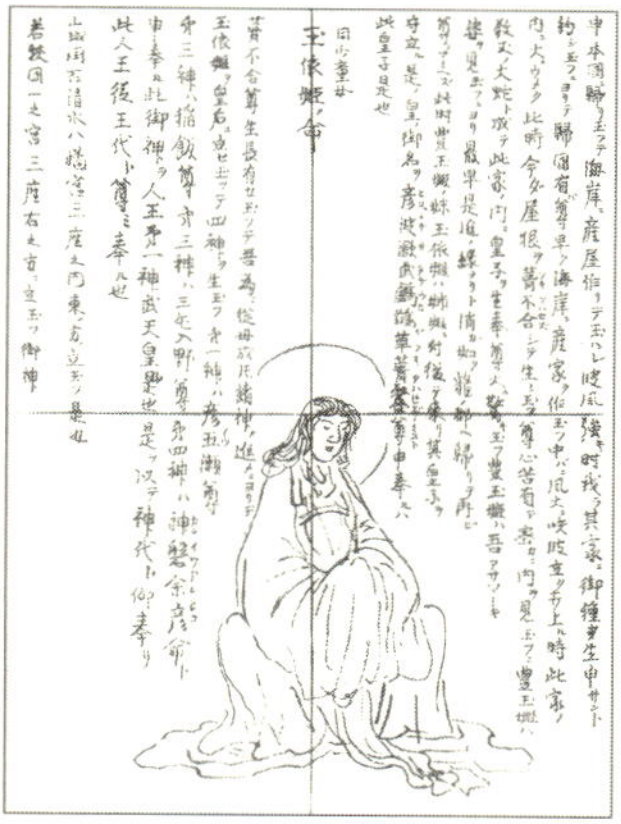

（『神仏図会』国立国会図書館蔵）

また、賀茂神社の古い縁起にも、玉依日売が登場する。この日売は丹塗矢《にぬりのや》と結婚して賀茂別雷命《かもわけいかづちのみこと》を生むのである。したがって、玉依毘売をまつる神社は多いが、それぞれ別の玉依毘売をまつったものである。

前記した京都の賀茂御祖神社《かもみおやじんじゃ》は、丹塗矢と結婚した玉依日売をまつる。

また、鹿児島の開聞《かいもん》神社の玉依姫は、仙人を父とし、天智《てんじ》天皇の妃となった女性とされる。

神格・神徳

別称：玉依姫尊／**神格**：海の神／**神徳**：子宝・安産・豊作豊漁など／**神社**：吉野水分神社（奈良県吉野郡吉野町吉野山）・賀茂御祖神社（京都府京都市左京区下鴨泉川町）ほか

神倭伊波礼毘古命《かむやまといわれびこのみこと》（神武天皇《じんむてんのう》）――神と人を結ぶわが国の初代天皇

神々の系譜を受け継いだ初代天皇の成立

わが国の初代の天皇である神武天皇《じんむてんのう》は、邇邇芸命《ににぎのみこと》の曾孫にあたる。八百万《やおよろず》の神々の頂点にたつ天照大御神《あまてらすおおみかみ》の系譜をひく邇邇芸命と、その子孫たちは、山や海の神々との婚姻によって、地上の支配権を確立してきた。その結果誕生したのが神武天皇といえよう。その名神倭伊波礼毘古命《かむやまといわれびこのみこと》は、「神聖な大和国の伊波礼という地方の男性」という意味である。

記紀神話には、神の子として誕生した神倭伊波礼毘古命（神武天皇）が、人の世を統治する初代天皇になるまでの事跡を物語っている。なかでも、その根幹となるのは、神倭伊波礼毘古命が四五歳のとき、日向《ひむか》の高千穂《たかちほ》を出て天下を治めるにふさわしい地を求め、兄の五瀬命《いつせのみこと》と共に東国へと向かった東征の物語である。

一行は、筑紫《つくし》、安芸《あき》、吉備《きび》と約一六年の歳月をかけて、宮を移りながら、難波より大和に入ろうとしたが、そこから想像を絶する艱難辛苦《かんなんしんく》が待ち受けていた。まず、大和の土豪・那賀須泥毘古《ながすねびこ》らの抵抗を受け、五瀬命が負傷してしまう。

神武は、日の神の子である自分が日を背にして戦わなかったのがよくなかったと退却するが、五瀬命は力尽きて亡くなってしまう。さらに熊野では毒気を浴びせられ、動けなくなる危難にあうが、天つ神らの助力を経て危機を脱出している。

その後もさまざまな攻撃にあいながらも、大和の宇陀《うだ》で兄宇迦斯《えうかし》を討ち、忍坂《おさか》の八十建《やそたける》、さらには兄の仇、那賀須泥毘古を倒して大和平定を成し遂げたのであった。

こうして、神倭伊波礼毘古命は大和国（奈良県）の畝傍《うねび》の白檮原《かしはらの》（橿原）宮《みや》で即位し、ここに初代の神武天皇が成立した。この神武東征は、ときには久米歌《くめうた》などを交えて、ひときわ情緒豊かに記述されている。久米歌とは、大嘗祭《だいじょうさい》など宮廷儀礼で久米舞《くめまい》を舞うときに歌った歌のことである。そうすると、この神武東征そのものが、王権儀礼、大嘗祭の象徴であるとも考えられることになる。

神武天皇はこれまでの神々の事跡からさまざまなものを継承しているが、なかでも死と再生の儀式ともいうべき内容を、この東征は含んでいると思われる。それが天皇になる儀式だったのであろう。

五穀豊穣をもたらす穀霊神的性格をもつ天皇

神武天皇は、天孫降臨した邇邇芸命と同じように、穀霊神とされる。兄二人も稲や穀物の名をもち、また、神武天皇自身にもそのような性質が見てとれよう。

たとえば、神武天皇の和風諡号《しごう》である神倭伊波礼毘古命の別称である若御毛沼命《わかみけぬのみこと》や豊《とよ》御毛沼命《みけぬのみこと》の「ミケ」は「御食」の意であり、穀物の性質をあらわすものである。このように神武から、国を統治する天皇として、五穀豊穣をもたらす性質をうかがうことができるのであり、それこそが天皇の神霊的性格の根本であると思われる。

以後、現在に至るまで、このような穀霊神的性格が天皇には変わることなくつづいてきているように思われる。

ところで神武天皇は神話上の人物とされているが、即位後一二七歳で崩御され、橿原市《かしはら》大久保町には神武天皇陵に比定される陵墓もある。現在、宮崎神宮や神武天皇の皇居があったとされる橿原神宮などには長寿や家内安全の神としてまつられている。

神格・神徳　**別称**：神武天皇・若御毛沼命・豊御毛沼命・豊毛沼命／**神格**：建国の祖／**神徳**：国家安穏・天下秦平・艱難克服／**神社**：［神倭伊波礼毘古命をまつる神社］宮崎神宮（宮崎県宮崎市神宮町）、［神武天皇をまつる神社］橿原神宮（奈良県橿原市久米町）

『古事記』に見られる神武東征

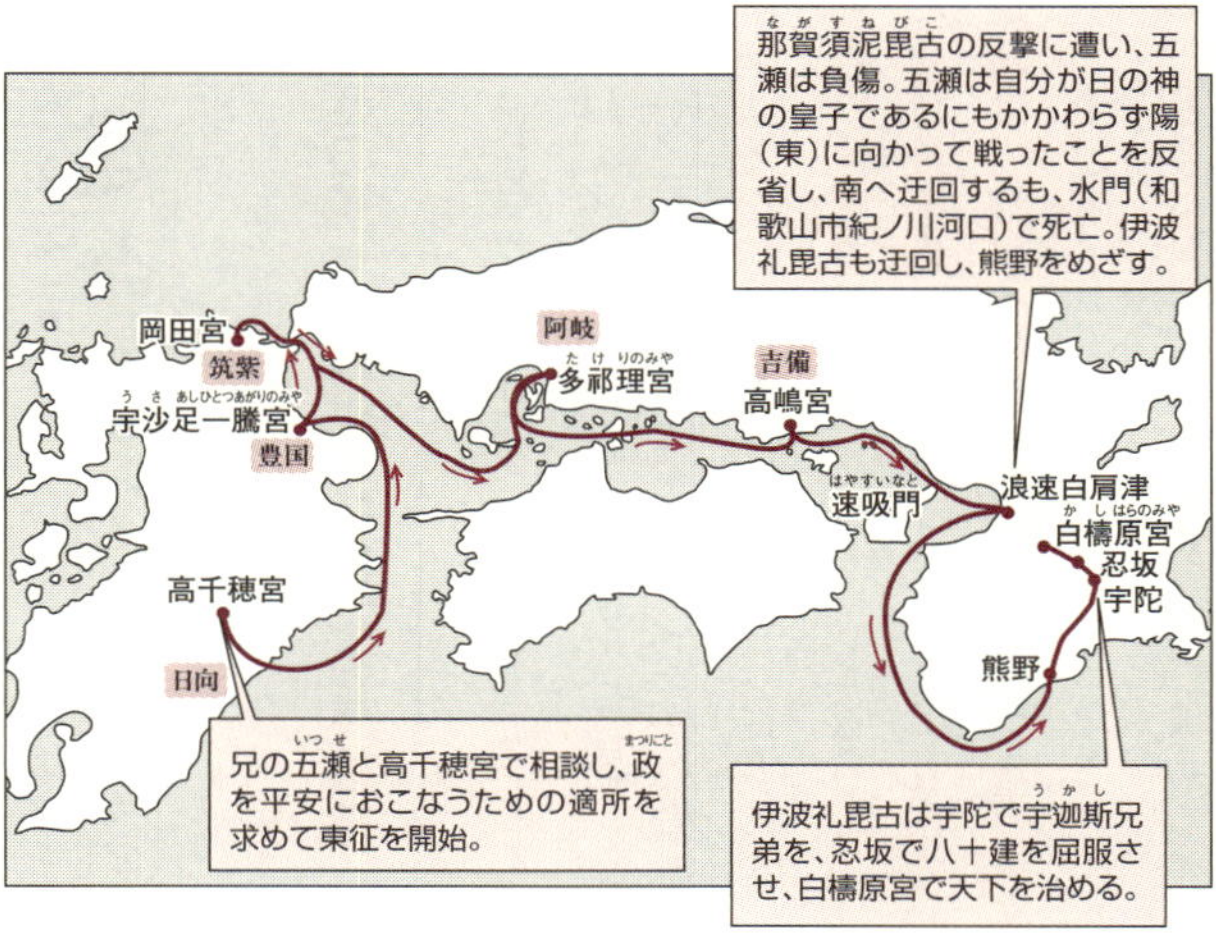
那賀須泥毘古《ながすねびこ》の反撃に遭い、五瀬は負傷。五瀬は自分が日の神の皇子であるにもかかわらず陽(東)に向かって戦ったことを反省し、南へ迂回するも、水門(和歌山市紀ノ川河口)で死亡。伊波礼毘古も迂回し、熊野をめざす。
岡田宮
筑紫
宇沙《うさ》足一騰宮《あしひとつあがりのみや》
豊国
阿岐
多祁理宮《たけりのみや》
吉備
高嶋宮
速吸門《はやすいなと》
浪速白肩津
白檮原宮《かしはらのみや》
忍坂
宇陀
熊野
高千穂宮
日向
兄の五瀬《いつせ》と高千穂宮で相談し、政《まつりごと》を平安におこなうための適所を求めて東征を開始。
伊波礼毘古は宇陀で宇迦斯《うかし》兄弟を、忍坂で八十建を屈服させ、白檮原宮で天下を治める。

国を見下ろす神武天皇

神武天皇《ジンムテンワウ》
嗛間ノ丘《ヲカ》ニ
登《ノボ》リ初《ハジメ》テ國形《クニガタ》ヲ
望《ノゾ》ミ玉フノ圖

(『鮮斎画譜』国立国会図書館蔵)

倭建命《やまとたけるのみこと》——白鳥となって飛んでいった悲劇の英雄

大和朝廷の統一に貢献した日本の英雄神

倭建命《やまとたけるのみこと》は第一二代景行《けいこう》天皇の第三皇子で、はじめは小碓命《おうすのみこと》とよばれた。『日本書紀』では日本武尊《やまとたけるのみこと》と記されている。

倭建命は『古事記』では数々の英雄譚に彩られ、大和統一に多大の貢献をした。しかし、その力故に、かえって父に疎《うと》んじられた悲劇の英雄でもあった。

倭建命は父である景行天皇から、食事の席に出てこない兄を説得して連れてくるよう命じられるが、兄を捕まえ、殺してしまう。

そんな息子を恐れた父は、倭建命に九州の熊襲《くまそ》建《たける》兄弟の征伐を命じられた。

倭建命は、叔母の倭比売命《やまとひめのみこと》の衣装を着て女性に扮して敵に近づき、これを討った。そのとき、倭建御子《みこ》との名を授けられたことから、倭建命といわれるようになった。

帰路、出雲《いずも》を平定し、大和へ戻ったが、今度は休む間もなく東国征伐を命じられた。

倭建命

（『日本国開闢由来記』国立国会図書館蔵）

倭健命は、貴種流離の典型的な逸話だが、倭比売命との組み合わせも注目に値する。倭健命と同じ「倭」の名がつく倭比売命から授けられた草薙剣などを利用することで、倭健命は敵を倒すことができたのである。

それに先立ち、倭比売命から天叢雲剣《あめのむらくものつるぎ》や火うち石などを授かるが、東征の途中、火攻めにあった際、この剣で草を薙いで助かった。これが草薙剣《くさなぎのつるぎ》の名前の由来となる。倭建命は、東国各地を平定し、最後は能煩野《のぼの》で病に倒れ、白鳥となって飛び去っていったという。

それは倭比売命の霊的能力と倭建命の軍事能力が一体となり、祭政一致を意味しているともいう。

神格・神徳　**別称**：日本武尊・小碓命・倭男具那命／**神格**：文武の神／**神徳**：出世開運・除災厄除・文運上達・医療醸送／**神社**：［小碓命をまつる神社］気比神宮（福井県敦賀市曙町）、［日本武尊をまつる神社］大鳥大社（大阪府堺市鳳北町）

建内宿禰《たけのうちのすくね》——有力豪族の祖先となった伝説の政治家

◎三〇〇歳を超え、四人の天皇に仕えた宰相

建内宿禰《たけのうちのすくね》は、「日本初の宰相」として、大和朝廷で長く活躍した人物とされる。『古事記』によれば、孝元《こうげん》天皇の孫にあたり、成務《せいむ》・仲哀《ちゅうあい》・応神《おうじん》・仁徳《にんとく》の四代に仕えたという。『日本書紀』ではもっと長く、単純計算しただけでも三〇〇歳を超えることになる。『古事記』でも仁徳天皇の歌に「世の長人」とうたわれているが、もちろん伝説上の人物である。

ただし、実際には何代かによる世襲や、一族の伝説が合体した可能性もあるといわれ、葛城《かつらぎ》、平群《へぐり》、巨勢《こせ》、蘇我《そが》、紀《き》、波多《はた》、江沼《えぬま》ら古代の有力豪族の祖先であるとされている。

成務天皇のときに大臣となり、政治、軍事面で活躍したが、注目すべきは、霊媒者としての能力をもちあわせていたことである。たとえば、熊襲《くまそ》平定の際には、神託を請うという重要な役割を果たしている。

さらに、仲哀天皇のときにも、建内宿禰は神に神託を請うている。天皇は「朝鮮に出兵

建内宿禰

（『日本国開闢由来記』国立国会図書館蔵）

気比神宮（福井県敦賀市）

大宝2（702）年の建立と伝えられる気比神宮は、「けいさん」の愛称で親しまれる北陸道の総鎮守。11mの高さがある大鳥居は重要文化財となっており、春日大社・厳島神社と並び称されている。敦賀の気比神宮の祭神が、建内宿禰の夢に出て、皇后の御子に名を授けるという逸話もある。その縁から、気比神宮の祭神となっている。

すべし」という神がかりした神功皇后《じんぐうこうごう》の託宣を信用しなかったため、崩御する。

再度、建内宿禰が神託を請うたところ、朝鮮出兵に加え、「皇后の御子（応神天皇）が国を統治する」との託宣があった。すぐに朝鮮に出兵して勝利をあげることができた。そして、皇后の御子は応神天皇となったのである。『因幡国《いなばのくに》風土記《ふどき》』逸文《いつぶん》によると、建内宿禰は因幡の国で死亡したと記されている。

神格・神徳

別称：武内宿禰／**神格**：長寿の神／**神徳**：延命長寿・武運長久・立身出世・商売繁盛など／**神社**：気比神宮（福井県敦賀市曙町）・宇倍神社（鳥取県鳥取市国府町）・高麗神社（埼玉県日高市大字新堀）

コラム2

記紀神話の神々

別天神《ことあまつかみ》

造化三神《ぞうかさんしん》

天之御中主神《あめのみなかぬしのかみ》―高御産巣日神《たかみむすひのかみ》―神産巣日神《かむむすひのかみ》

宇麻志阿斯訶備比古遅神《うましあしかびひこじのかみ》―天之常立神《あめのとこたちのかみ》―国之常立神《くにのとこたちのかみ》―豊雲野神《とよくもののかみ》

少名毘古那神《すくなびこなのかみ》

宇比地邇神《うひじにのかみ》＝須比智邇神《すひじにのかみ》

角杙神《つのくいのかみ》＝活杙神《いくくいのかみ》

意富斗能地神《おおとのじのかみ》＝大斗乃弁神《おおとのべのかみ》

於母陀流神《おもだるのかみ》＝阿夜訶志古泥神《あやかしこねのかみ》

伊耶那岐神《いざなきのかみ》＝伊耶那美神《いざなみのかみ》

（以上、神世七代）

蛭子神《ひるこのかみ》

大八洲《おおやしま》（島）

*大綿津見神《おおわたつみのかみ》

大山津見神《おおやまつみのかみ》

火之迦具土神《ひのかぐつちのかみ》

金山毘古神《かなやまびこのかみ》

金山毘売神《かなやまびめのかみ》

和久産巣日神《わくむすひのかみ》―豊宇気毘売神《とようけびめのかみ》

建御雷之男神《たけみかづちのおのかみ》

底津綿津見神《そこつわたつみのかみ》・中津綿津見神《なかつわたつみのかみ》・上津綿津見神《うわつわたつみのかみ》

底筒之男命《そこつつのおのみこと》・中筒之男命《なかつつのおのみこと》・上筒之男命《うわつつのおのみこと》（住吉三神《すみよしさんしん》）

（伊耶那美神の死後に、伊耶那岐神から生まれた神）

正勝吾勝勝速日天之忍穂耳命《まさかつあかつかちはやひあめのおしほみみのみこと》＝万幡豊秋津師比売命《よろずはたとよあきつしひめのみこと》

※本書に登場する神を中心に作成。神名の表記は『古事記』による。

（伊耶那岐神の禊によって生まれた神々）

天照大御神《あまてらすおおみかみ》

月読命《つくよみのみこと》

神大市比売命《かむおおいちひめのみこと》

須佐之男命《すさのおのみこと》

櫛名田比売命《くしなだひめのみこと》

大年神《おおとしのかみ》

宇迦之御魂神《うかのみたまのかみ》

奥津嶋比売命《おきつしまひめのみこと》・市寸嶋比売命《いちきしまひめのみこと》・

多岐津比売命《たきつひめのみこと》（宗像三神《むなかたさんしん》）

五十猛命《いたけるのみこと》

*須勢理毘売命《すせりびめのみこと》（五代あり）

*大国主神《おおくにぬしのかみ》〈大穴牟遅神《おおなむちのかみ》・大物主神〉

*須勢理毘売命《すせりびめのみこと》

*大国主神《おおくにぬしのかみ》

神屋楯比売命《かむやたてひめのみこと》

沼河比売命《ぬまかわひめのみこと》

建御名方神《たけみなかたのかみ》

事代主神《ことしろぬしのかみ》

［天孫降臨の神］

猿田毘古神《さるたびこのかみ》

［海幸彦山幸彦の神］

塩椎神《しおつちのかみ》

天火明命《あめのほあかりのみこと》

天津日高日子番能邇邇芸命《あまつひこひこほのににぎのみこと》

木花之佐久夜毘売命《このはなのさくやびめのみこと》

火照命《ほでりのみこと》（海幸彦）

火須勢理命《ほすせりのみこと》

火遠理命《ほおりのみこと》（山幸彦）

〈穂手見命《ほでみのみこと》〉

*大綿津見神《おおわたつみのかみ》

豊玉毘売命《とよたまびめのみこと》

*玉依毘売命《たまよりびめのみこと》

*玉依毘売命《たまよりびめのみこと》

鵜葺草葺不合命《うかやふきあえずのみこと》

神倭伊波礼毘古命《かむやまといわれびこのみこと》（神武天皇《じんむてんのう》）

勢夜陀多良比売《せやだたらひめ》

大物主神《おおものぬしのかみ》

富登多多良伊須須岐比売命《ほとたたらいすすぎひめのみこと》

①神武天皇《じんむてんのう》*

②綏靖天皇《すいぜいてんのう》

③安寧天皇《あんねいてんのう》

④懿徳天皇《いとくてんのう》

⑤孝昭天皇《こうしょうてんのう》

⑥孝安天皇《こうあんてんのう》

⑦孝霊天皇《こうれいてんのう》

⑧孝元天皇《こうげんてんのう》

⑨開化天皇《かいかてんのう》

⑩崇神天皇《すじんてんのう》

⑪垂仁天皇《すいにんてんのう》

⑫景行天皇《けいこうてんのう》

倭建命《やまとたけるのみこと》

⑬成務天皇《せいむてんのう》

⑭仲哀天皇《ちゅうあいてんのう》

神功皇后《じんぐうこうごう》

⑮応神天皇《おうじんてんのう》

三章

神にまつられた人間

柿本人麻呂《かきのもとのひとまろ》
―歌の神と崇められた飛鳥の宮廷歌人

人麻呂信仰が栄えた兵庫県明石市

柿本人麻呂《かきのもとのひとまろ》（生没年不詳）は飛鳥時代の宮廷歌人で、『万葉集《まんようしゅう》』の代表歌人として知られ、百人一首にも「足引《あしびき》の山鳥の尾のしだり尾の　ながながし夜をひとりかもねむ」の和歌が収録される、三十六歌仙《かせん》の一人でもある。

生没年、経歴は不詳ながら、六位以下の官人として、地方へ遣わされていたこと、現在の島根県西部にあたる石見《いわみ》の地で世を去ったことなどが推測されている。

人麻呂は、『万葉集』の一〇〇首に近い和歌をはじめ、長歌、短歌合わせて四〇〇首近くの和歌を残している。その格調高く、修辞を多く用いた雄渾な彼の作風は、独創性をもったものとして、古くから評価されてきた。

『古今和歌集《こきんわかしゅう》』には、歌の聖《ひじり》と称された記述があり、平安時代末期には、彼の肖像画の前に供物を捧げて歌会をする「人丸影供《ひとまるえいぐ》」もおこなわれていた。

現在、人麻呂は、兵庫県明石の人丸にある柿本《かきのもと》神社や、人麻呂終焉の地とされる島根県益田市の柿本神社の祭神としてまつられている。『万葉集』には人麻呂がこの明石を詠んだ歌があるが、この地には早くから人麻呂信仰があり、人麻呂の祠もあったという。江戸時代に入り、時の藩主小笠原氏がいまの地に遷座し、正一位の神階と柿本大明神の宣下《せんげ》を受け、歌聖《かせい》から歌の神として崇《あが》められるようになった。現在では、学問はもちろん防火、夫婦和合などのご利益で信仰を集めている。防火は、「人丸さん」の愛称が「火、止める」、に通じることに起因し、夫婦和合は、人麻呂が愛妻家であったことに由来するという。

柿本人麿像

（京都国立博物館蔵）

柿本神社（本殿）
（兵庫県明石市）

菅原道真《すがわらのみちざね》——非業の死を遂げた雷神・学問の神

道真をまつった天満宮の起源

菅原道真《すがわらのみちざね》（八四五〜九〇三）は平安初期の学者であり、政治家でもあった。菅原氏は中流の公家《くげ》で、官僚に文学などを教える文章《もんじょう》博士を務める学者の家柄である。道真は幼少の頃より和歌や漢詩に才能を見せ、神童と称された。

その後、学問をもって出世した道真は、宇多《うだ》、醍醐《だいご》両天皇に才能を見込まれて、政治家としても活躍し、右大臣にまで昇進する。

道真は、宇多天皇とその子の斉世《ときよ》親王に娘を入内《じゅだい》させるなど、左大臣藤原時平《ふじわらのときひら》の対抗馬として目されるが、それが藤原氏に危機感を抱かせることとなった。延喜《えんぎ》元（九〇一）年、菅原道真は、時平らの讒言《ざんげん》により、斉世親王による皇位簒奪《さんだつ》事件を計ったとして誣告《ぶこく》され、福岡の大宰府《だざいふ》へ息子らとともに左遷される。道真は、謫所《たくしょ》で失意のうちに没したという。

すると、都では時平やその一族の皇子が死去し、さらに落雷などが発生する。

北野天満宮縁起絵巻

この絵巻は、9世紀、右大臣にまで登りつめながら藤原時平の謀略によって失意のうちに亡くなり、雷として無念の思いを表わした菅原道真の怨霊が、比叡山の法性坊の法力によってなだめられ、天神としてまつられるに至るまでの物語を描いている。祟る神と鎮める仏という、日本の宗教史にしばしば見られる神と仏の関係が、ここにもあらわれている。

（國學院大學神道資料館蔵）

そのような異変や怪異が、政権争いで不遇の死を遂げた人びとの怨霊と結びつき、やがて、非業《ひごう》の死を遂げた道真の祟《たた》りとされた。

そのため、朝廷は道真の罪を赦《ゆる》し、追贈し、まもなく道真の霊は御霊《ごりょう》として崇められるようになった。このように道真が、雷となって落雷するという出来事がきっかけとなり、雷神（農業の守護神）としても信仰されるようになり、そのため、火雷《からい》天神の名でも知られた。そして京都の北野には北野天満宮が建立された。また、終焉の地である大宰府にも道真をまつる太宰府天満宮が創建された。はじめは至誠の神・正直の神であったが、後には学問の神、和歌の神として、寺子屋などにもまつられるようになった。

平将門《たいらのまさかど》

──神田明神にまつられ民衆に慕われた坂東武者

京から関東へ飛んだ将門の首級

平将門《たいらのまさかど》（生年不詳〜九四〇）は平安中期に活躍した関東の武将で、桓武平氏《かんむへいし》平高望《たいらのたかもち》の孫である。京の都に出仕していたが、父の死後、関東に戻った。それが波乱の幕開けとなる。将門を待っていたのは、伯父たちとの所領争いに端を発した一族の抗争だった。それはやがて内乱に拡大し、その戦いのなか、下総《しもうさ》を本拠とする将門は、常陸《ひたち》、下総、上野《こうずけ》の国府を制圧し、関東を平定。天慶《てんぎょう》二（九三九）年、自ら新皇と名乗って、関東分国化をめざした。しかし、翌年、朝廷の命を受けた藤原秀郷《ふじわらのひでさと》、平貞盛《さだもり》に敗れ、さらし首になった。これがいわゆる平安時代、貴族を脅かした武士の反乱「天慶の乱」である。

将門の関東支配はわずか数か月にすぎないが、中央政府の役人を駆逐して、独立国を築いたことは、後の武士の台頭を示唆するものとなった。また、その反骨精神が関東の民衆の共感をよび、英雄と崇められることとなったのである。

こうして悲劇の英雄となった将門にはさまざまな伝説が誕生した。なかでも怪異とみなされたのが、京都でさらし首にされた将門の首が舞い上がり、関東に落ちたという伝説である。東京の大手町の首塚は伝承地の一つである。

後にその首塚で天変地異が頻発し、非業の死を遂げた将門の祟りだと恐れられた。

その霊を鎮撫するために将門は神田明神《かんだみょうじん》の三之宮としてまつられており、現在では、除災・厄除の神としての信仰がある。また、東京都千代田区の築土《つくど》神社には、将門の首桶がおさめられていたといわれ、江戸城の鎮守としてあつく崇敬されたという。

平新皇将門公御真影
（七人影武者肖像）

三宅蘭崖筆。「七人将門」の伝説にもとづいて、将門の背後に分身を描いている。『俵藤太物語』には、将門に似ているものが6人おり、どれが将門かだれもみわけるものはいない、と記されている。　（神田神社蔵）

安倍晴明《あべのせいめい》
——呪術で平安京を操った希代の陰陽師

◎能力を惜しまれ、建立された晴明神社

安倍晴明《あべのせいめい》（九二一～一〇〇五）は平安中期の、吉凶《きっきょう》判断や呪術などを用いた陰陽師《おんみょうじ》の大家で、後の土御門《つちみかど》家の祖でもある。晴明は、八世紀の右大臣安倍御主人《みうし》の子孫で、益材《ますき》の子とされる。

晴明は、陰陽師賀茂氏から天文道と陰陽道とを学んだ。

陰陽師とは、天文や暦などから、吉凶を判断する占いや、未来を予知する能力でもって朝廷に仕える人びとのことである。その時代は陰陽思想が生活に根付いており、吉凶による判断は、もとより国家の命運を左右する即位や遷都などの重大事にまで影響をおよぼしていた。陰陽天文博士として、呪術や占いの技で優れた能力を発揮したのが晴明である。そういうことで晴明は天皇や藤原道長《ふじわらのみちなが》ら貴族から、絶大な信頼を寄せられたという。その結果、安倍氏は、賀茂氏と並ぶ陰陽師の大家の家柄と目されるまでになる。

泣不動縁起絵巻（安倍晴明 祈祷の場面）

室町時代初期、宅間法眼筆。三井寺の智興内供が重病に苦しんでいたとき、占っている晴明。晴明は、もし弟子のなかに身代わりがいるのなら、代わるように祈ることはできると弟子たちに伝える。画面左上にいるのは式神《しきがみ》たち。

（清浄華院蔵）

そのような晴明の神秘的な能力を示す説話が数多く伝えられている。たとえば天体の異常現象から花山《かざん》天皇の退位を察知した逸話が『大鏡《おおかがみ》』に記されるなど、未来を察知する能力にすぐれていたことが広く知られていた。

また、『今昔物語集《こんじゃくものがたりしゅう》』には、陰陽師が術を用いて使う式神《しきがみ》を自在に駆使したとする逸話も見られる。やがてそれらの伝説から、後世、日本一の陰陽師といわれるようになった。

晴明の霊は死後、その能力を惜しまれた一条天皇の勅《みことのり》により、屋敷跡に創建された晴明神社にまつられたという。この神社は、現在、京都市上京区にあり、晴明の神徳にあやかって、除災厄除や病気平癒などのご利益があるとされ、多くの人々の人気をよんでいる。

楠木正成《くすのきまさしげ》——天皇親政を支えつづけた忠孝の英雄

「楠公さん」で親しまれる湊川神社

楠木正成《くすのきまさしげ》（一二九四〜一三三六）は南北朝時代の武将である。河内国《かわちのくに》赤坂の土豪を出自とする。正成は、天皇の鎌倉幕府の倒幕を助け、天皇親政を支えつづけた忠孝の英雄として、現在も根強い人気をもつ悲劇の英雄である。

正成の前半生は定かではないが、後醍醐天皇の鎌倉幕府倒幕のよびかけに応じて挙兵し、悪党戦法とよばれるゲリラ戦法を駆使して活躍した。何倍もの敵を相手に奮戦した河内国千早《ちはや》城の籠城戦などにより、正成は、智謀の将として一躍名を高める。この正成の活躍が、諸国の反幕府勢力の蜂起を促すことにもなった。

しかし、同じく鎌倉幕府倒幕に貢献した足利尊氏《あしかがたかうじ》が、建武二（一三三五）年、天皇に反旗を翻《ひるがえ》した。そこで正成は、この反乱者の尊氏を征伐するために出陣した。一度は足利軍を撃退した正成だが、翌年、九州から上京してきた足利軍との湊川《みなとがわ》の戦いに敗れ、一族とともに自刃してはてた。
正成は、死に際して「七生報国《しちしょうほうこく》」と言い残したと伝えられる。つまり、七回生れかわっても朝敵を滅ぼすとの誓いの言葉である。そのようなことで正成は、早くから武略、知略ともに優れた忠勇の士とたたえられ、とくに江戸時代に入ると、尊皇派の人びとによって忠孝の士として英雄視され、尊皇のシンボル的存在となった。ついで明治時代に入ると、明治天皇の思《おぼ》し召しにより、正成終焉の地である湊川に湊川神社が創建された。現在、神戸市中央区にある湊川神社がそれで、「大楠公《だいなんこう》」とか「楠公さん」と親しまれている。

桜井駅子別れの図

延元元(1336)年、朝廷軍に一度は敗れた足利軍だったが、九州で西国武士を集め、大軍を従えて京都に向かう。その途中で足利軍を防ごうと考えた朝廷方は、新田義貞と楠木正成に、兵庫で尊氏の大軍を迎え討つことを命じた。同年5月、正成は決死の覚悟で兵庫へ向かい、途中、桜井の駅(大阪府島本町)で、御子の正行(小楠公)に後事を託して別れた。
(湊川神社蔵)

新田義貞《にったよしさだ》——南北朝対立で足利尊氏に敗れた南朝の武将

逆賊から忠臣へ評価が変わった明治時代

新田義貞《にったよしさだ》（一三〇一～一三三八）は南北朝時代の武将である。

義貞は、清和《せいわ》源氏の流れをくむ八幡太郎義家《はちまんたろうよしいえ》から十代目の子孫で、新田朝氏《ともうじ》の長子。義貞は、父の跡を継ぎ、上野国《こうずけのくに》の新田氏の総領になった。

当初、義貞は鎌倉幕府の傘下として、楠木正成らがこもる千早城攻めなどに参加していたが、後に反幕府軍に転じて足利《あしかが》氏らと挙兵。鎌倉へ進撃し、幕府を滅亡させた。

建武新政では、倒幕の功労者として、政府中枢の一角を占めた義貞であったが、足利尊氏との主導権をめぐる対立が表面化する。南北朝対立とも相まって義貞は、足利尊氏追討の勅命をもって、鎌倉へと侵攻することになった。

その後、義貞は足利軍との攻防を繰り返した後、楠木正成らとともに京都で足利尊氏と戦闘を交え、尊氏を九州へ敗走させた。

新田氏略系図と藤島神社の祭神

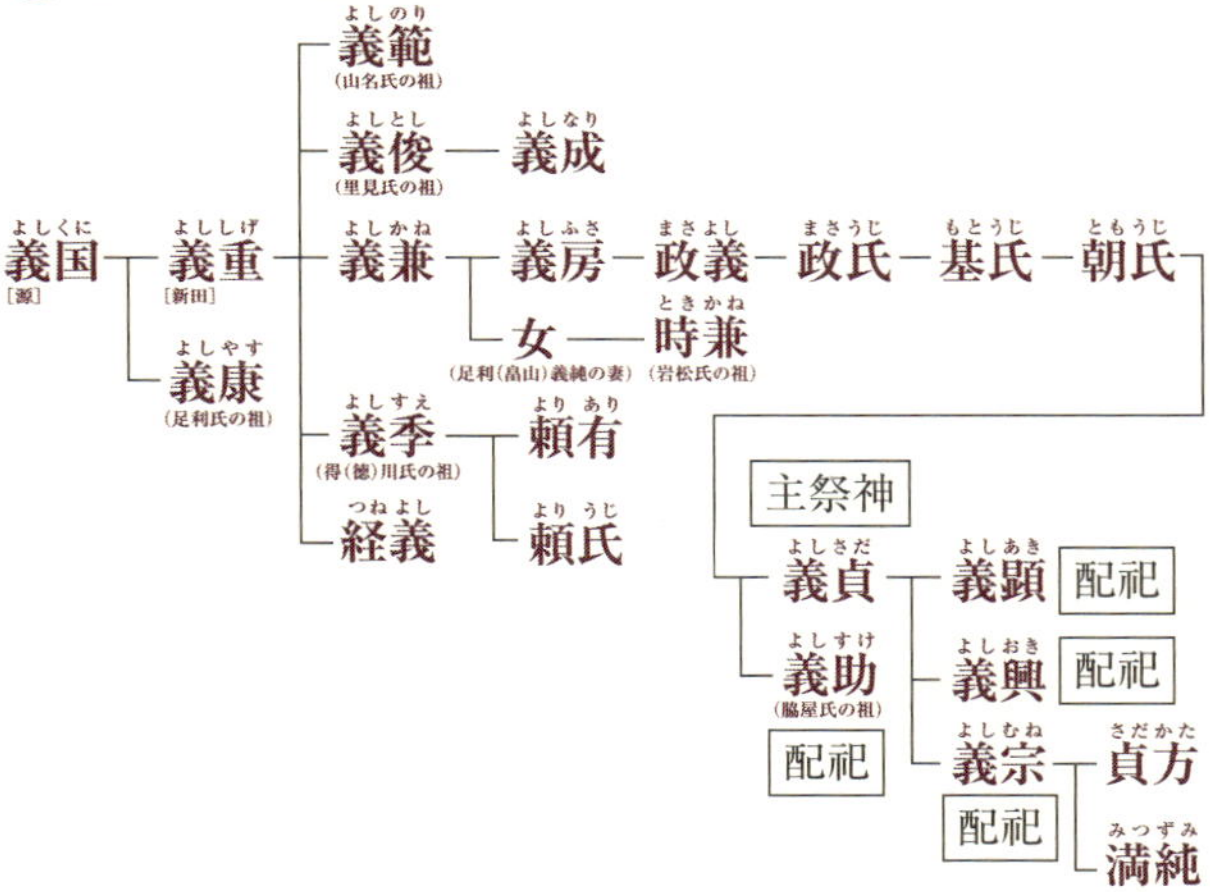

しかし、ふたたび入京した足利軍は、義貞ら朝廷軍を撃破。さらに尊氏は、北朝の光明《こうみょう》天皇を擁立し、南北朝が並立する事態となった。都を脱出した義貞は、恒良《つねよし》親王らを奉じて、巻き返しをはかろうとするものの、東国で転戦中、福井の藤島で不慮の戦死を遂げた。

死後、義貞は逆賊とみなされ、また、楠木正成とは対照的な凡庸な人物として描かれることもあったが、時代が下ると、楠木正成につぐ忠臣として、崇められるようになった。江戸時代、義貞が戦死した地から兜《かぶと》が発見され、その地に石碑が建てられた。

明治時代に入り、忠臣として義貞を顕彰する機運が高まり、義貞をまつる藤島神社が福井市毛矢に創建された。

豊臣秀吉《とよとみひでよし》——庶民に根強く敬われた「豊国大明神」

農民から天下人へ立身出世の代表的人物

豊臣秀吉《とよとみひでよし》（一五三七〜一五九八）は戦国時代から安土桃山《あづちももやま》時代にかけて活躍した武将である。尾張国《おわりのくに》（愛知県）中村の農民の子から天下人となった、いわば立志伝中の最たる人物として知られている。

秀吉は、継父の竹阿弥《ちくあみ》との折り合いが悪く、家を飛び出し、その後、織田信長《おだのぶなが》のぞうり取りとして仕えた。その後、並外れた才覚と知略を駆使して、墨俣城《すのまたじょう》建設、浅井《あざい》氏との戦いなどで功積をあげ、長浜城主に出世し、織田家重臣の一人となる。

天正一〇（一五八二）年、主君信長が京都の本能寺《ほんのうじ》において明智光秀により自害に追い込まれると、中国遠征の途上にあった秀吉は、京へ向かって大返《おおがえ》しを決行。山崎の戦いで光秀を破り、信長の後継者として躍り出た。

天下獲りの道を歩みはじめた秀吉は、家康と和睦し、関白に就任した。天正一八（一五九〇）年には、小田原征伐を成功させ、事実上の天下統一を達成した。
また、内政では、刀狩や太閤検地をおしすすめ、兵農分離や税収体制の安定化につとめた。
天下統一後の秀吉の野望は、国外へと向き、二度の朝鮮出兵を敢行した。しかし、戦況は思わしくなく、日本軍が苦戦を続けるなか、慶長三（一五九八）年八月、幼い息子秀頼《ひでより》に心を残しながら秀吉は病没した。秀吉は、死後に神格化され、豊国大明神《ほうこくだいみょうじん》として豊国神社にまつられたが、豊臣家が亡んで徳川の世になると、三代将軍家光の時代に廃された。

ただし、庶民の間では秀吉人気は高く、明治時代に入り、明治天皇の勅命により、京都に豊国《とよくに》神社が建立された。

現在は、秀吉の居城であった大坂（阪）城内にも豊國《ほうこく》神社があり、出世開運の神様として信仰されている。

おもな豊国神社

徳川家康《とくがわいえやす》
——神式で久能山に葬られた「東照大権現」

江戸時代を通じて敬われた江戸幕府の創始者

徳川家康《とくがわいえやす》（一五四三〜一六一六）はいわずと知れた江戸幕府初代将軍である。家康は、幼少時代の不遇な経験から培った忍耐力、冷静な判断力などを生かして、天下を掌握した。

家康は、三河国《みかわのくに》（愛知県）岡崎城主松平広忠《まつだいらひろただ》の息子として生まれた。幼名は竹千代という。松平家は弱小大名だったため、家康は幼少の頃より、織田、今川といった周辺諸国の大名家で人質生活をおくる。

桶狭間《おけはざま》の戦いを機に今川家から独立した家康は、織田信長と同盟を締結する。その後、家康は、駿河国《するがのくに》（静岡県）を平定するなど、領地を拡大し、信長の死後は、豊臣秀吉との対立を経て和睦。秀吉政権下で徳川家は、後北条《ごほうじょう》氏の領地だった関東に移封《いほう》され、江戸を本拠とする最大の大名となり、五大老のひとりとして重きをなした。

秀吉の死後、天下の掌握をめざした家康は、関ケ原の戦いで石田三成《いしだみつなり》を破り、慶長八（一六〇三）年、征夷大将軍に任命され、江戸幕府を開いた。数年後にはその職を息子秀忠に譲ったものの、家康は、大御所《おおごしょ》として実権を握り、徳川の泰平の世の礎を築くことに腐心したのである。

豊臣家の滅亡を見届け、天和二（一六一六）年、駿府《すんぷ》（静岡県）で病没した。家康の遺骸は遺命により、久能山《くのうざん》に葬られ、翌年、東照大権現《とうしょうだいごんげん》として、日光東照宮《とうしょうぐう》に改葬された。

なお、改葬の際に吉田神道と山王神道と、どちらでまつるかとの論争になったが、結局は天海《てんかい》が山王一実《さんのういちじつ》神道でまつることになった。以後、江戸時代を通じて、江戸幕府の創始者として、「東照神君《しんくん》」「権現様」などとよばれて崇拝されたという。日光東照宮は、現在、厄除開運などさまざまなご利益で崇拝されている。

全国のおもな東照宮

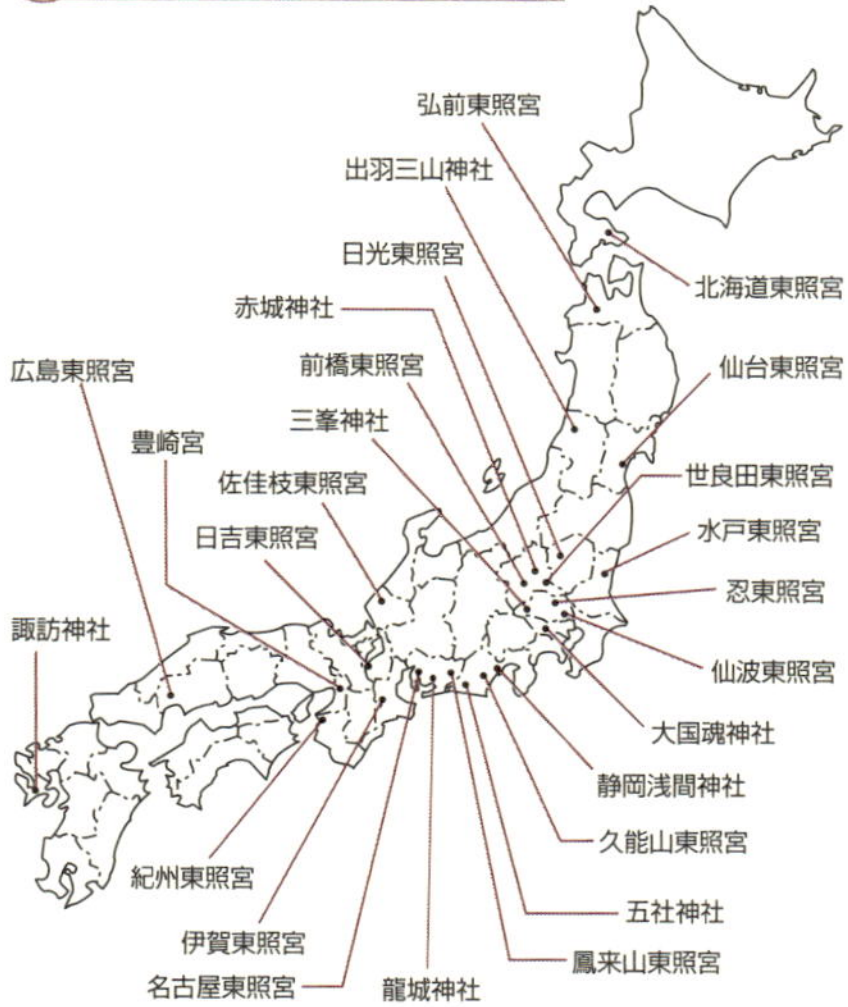

東郷平八郎《とうごうへいはちろう》
──日本海海戦を勝利に導いた日露戦争の英雄

◎軍神の平八郎をまつる東郷神社

東郷平八郎《とうごうへいはちろう》（一八四八～一九三四）は明治から昭和初期にかけての海軍軍人である。日本海軍の指揮官として、日清・日露戦争で見事な勝利をおさめた。また、日本の国際的地位を高めた世界的な提督である。薩摩《さつま》（鹿児島）藩士東郷吉佐衛門実友の五男として生まれた平八郎は、明治時代に入ると、海軍士官となって、イギリスに留学。帰国後は海上勤務が長く、ハワイ政変、日清戦争などで頭角をあらわした。

明治三七（一九〇四）年に勃発した日露戦争に臨んでおいては、連合艦隊司令長官として連合艦隊を指揮し、明治三八（一九〇五）年五月の日本海海戦でその能力を如何なく発揮して見せた。平八郎は、のちに「トウゴウ・ターン」ともよばれる敵前回頭作戦を駆使して、ロシアのバルチック艦隊を壊滅させ、日本軍の勝利を決定づけた。大国ロシアへの勝利は、ロシアの南下の脅威を退け、世界における日本の地位を押し上げた意味で、大き

東郷神社

東郷平八郎

昭和19（1944）年に撮影された東郷神社の光景。東郷神社の境内には、海事関係物故者をまつる海の宮や碑など、海事・海軍にゆかりのものが多く建てられている。

いものとなった。

海軍大将に昇進した平八郎は、その後海軍の第一線からは退いたが、昭和時代には、ロンドン軍縮会議にも関与するなど、軍部の動向にも影響力をもっていたとされる。また、大正時代には、東宮《とうぐう》学問所総裁を務め、皇太子（後の昭和天皇）の教育にあたった。

死後、平八郎の顕彰を望む声が相次ぎ、日本の各地に社が建立されているが、なかでも有名なのは、昭和一五（一九四〇）年に東京都渋谷区に創建された軍神東郷平八郎をまつる東郷神社である。平八郎の勝運にあやかり、合格祈願、必勝祈願など、現在も多くの参拝者が訪れている。なかでも受験生やギャンブル愛好者の参拝者が多いという。

乃木希典《のぎまれすけ》

—明治天皇に殉じた至誠の陸軍軍人

夫婦和合の神徳もある乃木神社

乃木希典《のぎまれすけ》（一八四九～一九一二）は明治時代に活躍した陸軍軍人である。長州《ちょうしゅう》藩（山口県）の支藩である長府《ちょうふ》藩の藩士乃木希次《まれつぐ》の長男として生まれた希典は、明治時代に、陸軍軍人となり、川上操六《かわかみそうろく》らとともにドイツに留学した。そこで軍人の精神にふれた希典は、以後、身を律し、軍服で通すなど、質実剛健な軍人としての生活を貫いた。

そのような希典の数々の軍歴のなかでもっとも注目されるのは、日露戦争時での旅順《りょじゅん》要塞の攻略である。現在の中国の大連《だいれん》にあたる旅順は、ロシア艦隊の東アジアにおける一大拠点でもあった。制海権を押さえることを急務とした日本軍は、ロシアが艦隊を守るために築いた、難攻不落といわれる旅順要塞への攻撃を開始した。その攻撃軍を軍司令官として率いたのが、希典だった。彼は激戦の末、攻略に成功するが、この戦闘では多くの兵士を失い、自身も二子を亡くしている。

乃木希典

乃木神社（1953年撮影）

乃木神社の略歴

1913(大正2)	中央乃木会が設立される。
1919(大正8)	3月、神社創立を申請し、5月に許可される。乃木邸の隣地を購入し、御鎮座の地(現在地)とする。
1923(大正12)	御鎮座祭を執行。摂政宮殿下より御菓子料下賜。
1924(大正13)	東京府社に列せられる。
1945(昭和20)	空襲により、本殿以下の社殿が焼失。
1962(昭和37)	現在の本殿以下各社殿が竣工する。
1964(昭和39)	東京乃木神社の飛地境内神社として函館乃木神社が認可。

悲しみのなかでも、愚直なほどに至誠を貫く希典の姿勢は、国民からも慕われた。また、明治天皇からの信頼も厚く、戦後、学習院院長となり、皇孫裕仁《ひろひと》親王（後の昭和天皇）の教育を託されている。

希典はそんな天皇の思し召しにこたえ、最後まで忠誠を貫いた。明治天皇の大葬の日、すなわち大正元（一九一二）年九月一三日、希典は天皇の後を追って、妻の静子とともに自刃した。この殉死は当時の社会に大きな衝撃を与えたが、結果的には乃木希典の名を高からしめることになった。その死後、夫妻をまつる乃木神社が東京都港区に創建され、護国の神、文武両道の神、夫婦和合の神として、崇敬されている。

神様・神社用語事典

記紀（きき）

『古事記《こじき》』と『日本書紀《にほんしょき》』をあわせて略した呼び方。『古事記』は日本最古の古典で、上・中・下の三巻から成り、和銅五（七一二）年完成。元明天皇の勅《みことのり》により、稗田阿礼《ひえだのあれ》に『帝紀《ていき》』と『旧辞《きゅうじ》』を誦《よ》み習わせ、太安万侶《おおのやすまろ》が撰録した。

『日本書紀』は養老四（七二〇）年に完成した、舎人《とねり》親王らによって撰ばれた日本初の国史。三〇巻から成る（ほか系図一巻があるが、現存しない）。漢文・編年体で書かれている。

御神体（ごしんたい）

神社本殿の内陣に安置され、不可視の神霊が取り憑《つ》き、宿るとされるもの。一般には「神体」を敬って、「御神体」とよぶ。御神体の種類としては、鏡・剣・玉・鉾《ほこ》・御幣《ごへい》・神像・本地仏像などがあげられる。「神体」という言葉は平安時代よりすでに使用されており、中世になると「御正体《みしょうたい》」「霊御形《みたまのみかた》」「御霊代《みたましろ》」などとよばれるようになった。

社格（しゃかく）

神社に与えられた格式。神社が国家の管理下にあった時代に、神社の祭神や由緒、規模などによって待遇上の差をつけていた。『延喜式神名帳《えんぎしきじんみょうちょう》』に記載された神社（式内社）を官社《かんしゃ》といい、官幣社《かんぺいしゃ》（祈年祭などに神祇官から幣帛《へいはく》を奉る社）と国幣社《こくへいしゃ》（国司から幣帛《へいはく》を奉る社）にわけ、さらにそれぞれが大社と小社に二分された。また、官社のなかでとくに霊験《れいげん》あらたかで崇敬の著しいものを名神大社《みょうじんたいしゃ》といった。その後、律令制が崩れはじめた永保元（一〇八一）年頃から二十二社の制が定められ、伊勢神宮などが特別な崇敬を受けるようになった。

明治時代にも全国の神社は官社と諸社に二分され、官社は官幣社と国幣社にわけられ、各々を大社・中社・小社にわけた。諸社は府社・藩社・県社・郷社・村社・無格社にわけられた。なお、社格制度は昭和二一（一九四六）年に廃止されたが、いまでも旧社格としてよばれることがある。

神祇令（じんぎりょう）

律令のなかで、公的な祭祀《さいし》の大綱などを規定したもの。現在、神祇令として知られるものは『養老令《ようろうりょう》』の注釈書である『令義解《りょうのぎげ》』と『令集解《りょうのしゅうげ》』である（全二〇か条）。

第一条は総記、第二～九条は神祇官のおこなうべき年間の一九の祭り、第一一～一二条は斎戒《さいかい》、第一三～一四は天皇の即位儀礼など、第一五～一七条は祭祀の管理運営、第一八

〜一九条は大祓《おおはらえ》の儀礼・執行、第二〇条は租庸調《そようちょう》の管理、となっている。

神宮寺（じんぐうじ）

神社に付属して建てられた寺。「神宮院」「神願寺《しんがんじ》」「神護寺《じんごじ》」「神供寺」あるいは単に「宮寺」ともいい、多くは神社の境内に建てられた。文献では、藤原武智麻呂《ふじわらのむちまろ》が霊亀元（七一五）年に建てた気比《けひ》神宮寺（福井県敦賀市）がもっとも古いとされ、若狭比古神《わかさひこのかみ》のために建てられた神願寺（現在の若狭神宮寺〈福井県小浜市〉）、伊勢の多度神宮寺（三重県桑名市）、鹿島神宮寺（茨城県鹿嶋市）などがその後につづくとみられる。

幣帛（へいはく）

「幣帛《へいはく》」の幣と帛はともに絹を束ねたものをさし、それを串に刺して神に捧げたことからそれを「幣串《へいぐし》」という。その幣串に幣帛を挟んだものを「御幣《ごへい》」あるいは「幣束《へいそく》」とよぶ。神社の本殿や幣殿に立て、依代《よりしろ》の一種であるように考えられている。

本地垂迹（ほんじすいじゃく）

神祇《じんぎ》（神様）を、仏教の仏や菩薩《ぼさつ》（＝本地）が人びとを救済するために姿を変えてあらわれた（迹《あと》を垂《た》れた）化身とする思想。なお、熊野権現・春日権現などの「権現《ごんげん》」とは、神が仏の姿を「権《か》りて現《あらわ》れた」とする意味。

四章

暮らしのなかの神様

自然の神様

——自然や大地に御座す日本古来の神々

火の神

火の神を古典には火之迦具土神《ひのかぐつちのかみ》と記してあり、その父神の伊耶那岐神《いざなきのかみ》に斬《き》り殺されたとある。また、火の神は作物の神、田の神、家の神でもある。火は便利なものだが使い方により災いをもたらすもので、丁重にまつることとされている。

水の神

『古事記《こじき》』には、天之水分神《あめのみくまりのかみ》、国之水分神《くにのみくまりのかみ》、弥都波能売神《みつはのめのかみ》が水の神として登場する。水神をまつる場所は井戸、泉、川、田などである。また、稲作には水が不可欠なので、水の神への信仰は特別であり、豊穣の神として崇《あが》められた。

土の神

土の神には天之狭土神《あめのさづちのかみ》と国之狭土神《くにのさづちのかみ》の二神がいて、山を支配する大山津見神《おおやまつみのかみ》と野を司る野椎神《のづちのかみ》から生まれた。波邇夜須毘古神《はにやすびこのかみ》と波邇夜須毘売神《はにやすびめのかみ》は伊耶那美神《いざなみのかみ》の糞から成った

伊耶那岐神と伊耶那美神から生まれた自然神

伊耶那岐《いざなき》神 ＝ 伊耶那美《いざなみ》神

- 大事忍男《おおことおしお》神
- 石土毘古《いわつちびこ》神
- 石巣比売《いわすひめ》神
- 大戸比別《おおとひわけ》神
- 天之吹男《あめのふきお》神
- 大屋毘古《おおやびこ》神
- 風木津別之忍男《かざもつわけのおしお》神
- 海《うみ》神（大綿津見《おおわたつみ》神）
- 水戸《みなと》神（速秋津日子《はやあきつひこ》神）＝ 速秋津比売《はやあきつひめ》神
  - 沫那芸《あわなぎ》神
  - 沫那美《あわなみ》神
  - 頬那芸《つらなぎ》神
  - 頬那美《つらなみ》神
  - 天之水分《あめのみくまり》神
  - 国之水分《くにのみくまり》神
  - 天之久比奢母智《あめのくひざもち》神
  - 国之久比奢母智《くにのくひざもち》神
- 風《かぜ》神（志那津比古《しなつひこ》神）
- 木《き》神（久久能智《くくのち》神）
- 山《やま》神（大山津見《おおやまつみ》神）＝ 野《の》神（鹿屋野比売《かやのひめ》神・野椎《のづち》神）
  - 天之狭土《あめのさづち》神
  - 国之狭土《くにのさづち》神
  - 天之狭霧《あめのさぎり》神
  - 国之狭霧《くにのさぎり》神
  - 天之闇戸《あめのくらと》神
  - 国之闇戸《くにのくらと》神
  - 大戸或子《おおとまとひこ》神
  - 大戸或女《おおとまとひめ》神
- 鳥之石楠船《とりのいわくすぶね》神（天鳥船《あめのとりふね》）
- 大宜都比売《おおげつひめ》
- 火之夜芸速男《ひのやぎはやお》神（火之炫毘古《ひのかがびこ》神・火之迦具土《ひのかぐつち》神）

隅田川神社と速秋津日子神

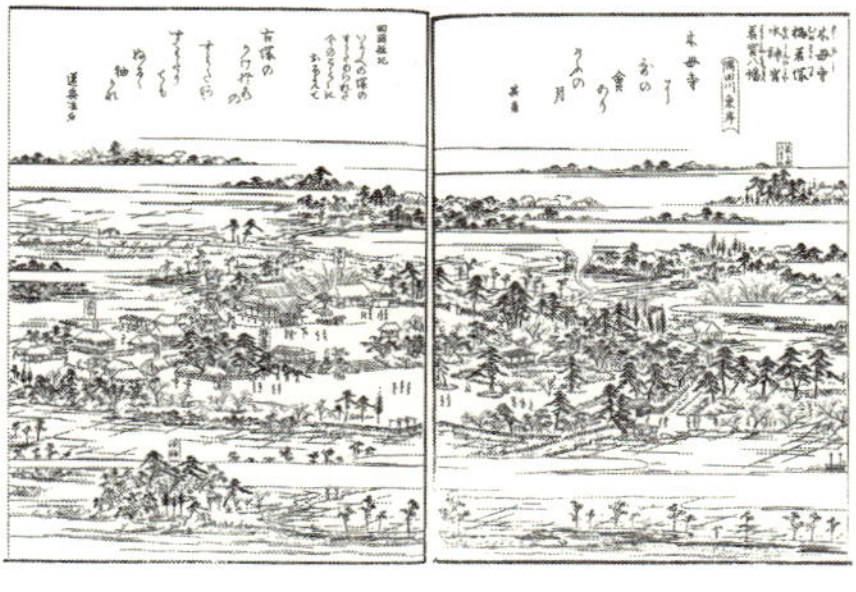

『江戸名所図会』隅田川東岸の図。左下に「水神」と書かれているのが、隅田川神社のかつての姿である。この神社には、亀に乗った水神がこの地に上陸したという言い伝えも残っている。隅田川神社の祭神の一柱は速秋津日子神である。

とされる。「はにやす」とは粘土のことであり、一般には土の神とされる。

風の神

志那都比古神《しなつひこのかみ》は風を司る神である。「志」は息や風の意、「都」は場所のことで、「風を吹き出す男」という意味である。風は水や雷と同様に恵みと害をもたらす。五穀豊穣を祈願して各地でまつられている。とくに農民、漁民、そして航空関係者にも信仰されてきた。

雷の神

代表的な雷神は建御雷之男神《たけみかづちのおのかみ》である。この神は伊耶那岐命が火の神を斬り殺したときに、その血から生まれた。神話には、天雷神以下八雷神が登場し、古代人が雷の威力に畏怖を抱いてきたことを物語る。菅原道真《すがわらのみちざね》が死後、雷神になったという信仰も注目される。

太陽の神

天照大御神《あまてらすおおみかみ》という神名の「天照」は「太陽のような」という意である。

月の神

月読命《つくよみのみこと》は月の神である。月の満ち欠けは暦をあらわし、農耕とも深く関わっているので農業神としても崇められてきた。

山の神

大山津見神は山の神で、神話では多くの神々の父とされている。これは、山の神が生命を司る神であることをあらわしている。孫の火遠理命《ほおりのみこと》が生まれたとき、たいそう喜んで酒をつくったことから、酒造の神としても信仰されている。

野の神

野の神の代表は鹿屋野比売神《かやのひめのかみ》である。神名の「かや」は屋根を葺《ふ》く植物の萱《かや》のこと、「の」は山裾の傾斜地のことをさし、山裾を支配するとされている。

海の神

海の神を古典では大綿津見神《おおわたつみのかみ》という。神名の「おお」は「偉大な」との意、そして「わた」は海、「つ」は「の」、「み」は「神霊」のことで、「偉大な海の神」の意。山幸彦《やまさちひこ》が釣針を探しにいった先が海神の宮であり、そこで海神の娘、豊玉毘売《とよたまびめ》と結婚した神話は有名。

港の神

大綿津見神とともに生まれたのは港を司る、速秋津日子神《はやあきつひこのかみ》と速秋津比売神《はやあきつひめのかみ》の二柱である。「はや」は勢いがあること、「あき」は口が開いている様をあらわしており、河口のことといわれる。水の勢いで身を清めることから禊《みそぎ》の神ともされる。

生命の神様
―子授け・安産・五穀豊穣を司る神々

産神

出産の際、産婦と赤ん坊を守る神。いまは見られなくなったが、かつては子どもが生まれると産飯《うぶめし》を炊いて産神《うぶがみ》に供えたり、産土神《うぶすながみ》の境内《けいだい》から借りてきた小石を膳の上にのせて産神の依代《よりしろ》としたり、箒《ほうき》を産神とし、妊婦の枕元に立てたり、腹をなでる習わしがあった。

子安神

子授け、安産、子どもの成長を守る神である。多くは神功皇后《じんぐうこうごう》（息長帯比売命《おきながたらしひめのみこと》）、または木花之佐久夜毘売《このはなのさくやびめ》がまつられている。これらは神話に登場する神々だが、民間信仰の神としても広まり、さらに仏教と習合して子安地蔵、子安観音としても信仰されている。

淡嶋さま

婦人病と安産の神である。淡嶋《あわしま》さまは天照大御神《あまてらすおおみかみ》の六女で、住吉大神の妻になったが、婦人病に罹《かか》ったため、舟に乗せられて海に流されたという。三月三日に淡嶋に流れつき、

豊宇気毘売神

（『神仏図会』国立国会図書館蔵）

淡嶋神社と雛流し

（上）淡嶋神社の本殿。（下）雛流しの神事。男雛と女雛のはじまりは淡嶋神社の祭神である少彦名命と神功皇后の男女一対の神像であるとされる。雛祭りの語源も、「スクナヒコナ祭」がのちに簡略化されたものという。淡嶋神社には見事な雛人形が数多く残り、それらの多くは紀州徳川家から奉納されたものである。

綾の巻物で人形をつくったともあり、一説に、これを雛《ひな》祭りの起源と伝えている。

食物の神

五穀を司る食物の神は、宇迦之御魂神《うかのみたまのかみ》、和久産巣日神《わくむすひのかみ》、保食神《うけもちのかみ》の三柱が広く知られている。このうち宇迦之御魂神は稲荷《いなり》神社の祭神であり、「お稲荷さん」の名で親しまれている。つぎの和久産巣日神の「わく」は若々しいの意、「むす」は生成発展の意、よって若々しい五穀の種が成育して実ることを守護する神といわれている。

穀物の神

大年神《おおとしのかみ》とその御子の御年神《みとしのかみ》は穀物の神で、食物の神の宇迦之御魂神は兄弟神である。民間では正月に年神棚を設けて「年神さま」を迎える風習がある。神名の「とし」は「年神さま」の「年」で穀物、稲の意である。一年の耕作を守護する豊穣の神として崇める。

豊受大御神

和久産巣日神の娘で食物を支配する神である。神名の「とよ」は「豊かな」ということ、「うけ」は「食物」をあらわし、豊穣を象徴する大地の母たる女神と解される。伊勢神宮の外宮の祭神とされ、天照大御神に食物を奉る神ともいわれる。

櫛名田比売

応神天皇と神功皇后

第15代天皇の応神天皇は、仲哀天皇と神功皇后との間に生まれた皇子。『古事記』では大鞆和気《おおともわけの》命《みこと》・品陀和気命《ほむだわけのみこと》、『日本書紀』では誉田別尊《ほんだわけのみこと》と記されている。

神功皇后は天照大御神と住吉大神の神託により朝鮮半島の平定に出発する。このとき、皇后のお腹のなかには応神天皇を身ごもっていたが、皇后が半島を平定するまで生まれるのを待ってほしいと願うと、応神天皇はそれに応え、皇后が帰国した北九州で誕生したという。

神功皇后が子授けの神として信仰されるのも、この話が由来となっている。

建内宿禰と神功皇后

（太田記念美術館蔵）

神名は、「霊妙な稲田」を意味する。

宇賀神

穀霊神、福神として民間に信仰されている神。宇迦之御魂神、または『日本書紀』の倉《うか》稲《の》魂命《みたまのみこと》と同神とされる。「うか」は「食物」の意の「うけ」のことで、食物を司る神ともされた。稲荷信仰とも結びつき、稲荷神社にもまつられている。

祓戸神

祓《はら》えをおこなう場所を「祓戸《はらえど》」という。祓を司る神である。『延喜式《えんぎしき》』に見える「六月《みなづき》晦《つごもり》の大祓《おおはらえ》の祝詞《のりと》」に記されている瀬織津《せおりつ》比咩《ひめ》、速開都比咩《はやあきつひめ》、気吹戸主《いぶきどぬし》、速佐須良比咩《はやさすらひめ》の四神を「祓戸四柱神」という。葦原中国《あしはらのなかつくに》のあらゆる罪・穢れを祓い去る。

集落の神様

—田・岐・辻や生活の場に坐す神々

田の神

稲作を助け豊穣をもたらす神である。山の神が春になって里に降りてきて田の神になり、秋になると山に帰って山の神になるといわれている。古くから田の神は、水口祭、初田植え、収穫祭など、農作業の節目にまつられてきた。作神、農神、作り神、亥の神、地神などともよばれ、具体的な姿はなく、花や小石を依代《よりしろ》としている場合が多い。まつり方も各地方によって異なっており、さまざまである。

岐の神・辻の神

疫病、災害などをもたらす悪霊や悪神が集落に入ってくるのを防ぐ神である。

岐《ちまた》や辻は道が交差する場所で、人だけでなく悪神・邪霊も往来し、侵入してくるため、このような場所にまつられた塞《さい》の神、道祖神《どうそじん》、石神などを総称していう。古典に見える八《や》衢比古《ちまたひこ》、八衢比売《やちまたひめ》、衝立船戸神《つきたつふなどのかみ》のほか、天孫降臨の先導役となった、猿田毘古神《さるたびこのかみ》なども同一神といわれる。

道祖神

岐の神と同神とされ、別名「さえのかみ」ともいう。集落に侵入する悪神や邪霊を防ぎ、旅人の安全を守る神で、多くは村境にまつられる。

猿田毘古神や地蔵菩薩《じぞうぼさつ》とも習合し、縁切り、縁結び、産の神、子どもの守護神、豊作の神としても信仰されている。道祖神のかたちは、丸石や男女和合の姿、男根などさまざまなものも見られる。

石神

巨石や変わった形の石、あるいは性器に似た陰陽石など、特徴ある石を御神体としてまつったものが多い。なかには、成長する石、振ると音を立てる石など、不思議な現象を起こすと信じられてい

田の神様

一般的に田の神様は姿をあらわさないが、南九州地方では仏像や神像の姿の「田の神(タノカンサア)」が田のそばにまつられており、春と秋の2回にわたって神講がおこなわれている。(國學院大學神道資料館蔵)

る石もある。

それらの石には神霊が降臨すると信じられている。神が腰掛けたと伝える石もある。岐の神・辻の神・道祖神は同類の神であり、互いに混合しておりこれらを区別をすることはできない。

庚申

道教では、庚申《こうしん》の夜に三尸《さんし》という三匹の虫が体から出て天に昇り、天帝《てんてい》に罪過を報告するといわれる。

それゆえ、庚申の夜は寝ずに過ごす習俗があり、これを庚申待《こうしんまち》といい、それを営む仲間を庚申講《こう》という。

一般的には、庚申は福の神の一つで、風邪や咳を治すのにご利益があるといわれている。六〇年ごとの庚申の日に、庚申塔を建てる風習も見られた。これらは街道沿いに建てられ、道祖神と似た性格も見られる。

市神

市《いち》の開設にあたり、市の安全と繁栄を祈ってまつられる神で、村境や船着場、辻などにもまつられる場合がある。

(上)輪光寺の庚申塔(下)。写真中央が、三猿が浮き彫りされた庚申塔。

江戸時代の庚申信仰

庚申信仰が一般的に広まったのは室町時代後期とされ、近世に入ると各地で庚申講が結成された。庚申講は村の全戸、あるいは有志の人びとで組織される。般若心経や真言を唱えて庚申をまつったのち、夜通し談笑しながら飲み食いなどして村の伝承などを語り合った。庚申塔はそのような庚申信仰にもとづいてつくられたもので、人びとへの招福を願った。

輪光寺《りんこうじ》(神奈川県茅ヶ崎市)の庚申塔は寛永17(1640)年の年号が刻まれていることから、同市内に立つ庚申塔のなかでは最古のものとされる。舟形の光背をもち、頭上に烏帽子《えぼし》をのせた三猿が浮き彫りされている。

このような庚申塔は他に類例を見ず、日本のなかでも最古の三猿塔となっている。

ご神体は自然石や木の柱が多く見られる。市神は福神、食物神、商業神の性格もあわせもっている。

市神として人気があるのは、恵比寿《えびす》、大黒《だいこく》天《てん》、弁才天《べんざいてん》、稲荷《いなり》神などで、これらは商売繁盛、開運招福の神としてもご利益がある。

稲荷神

一般には「お稲荷さん」とよばれて庶民にもっとも親しまれている神である。

商売繁盛をもたらす神として人気が高い。古典にあらわれる宇迦之御魂大神《うかのみたまのおおかみ》のことで、稲の精霊の神格化ともいわれ、食物を司る神でもある。本来は農耕神であるが、広く諸産業の神として信仰されている。稲荷神を狐と思っている人も多いが、狐は稲荷神の神使《しんし》。

家の神様

——家屋・台所・厠を守る神々

敷地の神

その地域の産土神《うぶすながみ》と、その土地に恵みをもたらす大地主神は、地鎮祭《じちんさい》の際にまつられる神である。『古事記』によると、伊耶那岐神《いざなきのかみ》・伊耶那美神《いざなみのかみ》が国生みの後、多くの神々を生み、その初めに石土毘古神《いわつちびこのかみ》を生んだとある。この神名は住居の土台になる岩石と土という意味があることから、敷地神とされている。

家屋の神

家屋を守る屋船神《やふねのかみ》棟上《むねあ》げ、上棟祭《じょうとうさい》でまつられる神である。『延喜式《えんぎしき》』に見える「大殿《おおとの》祭《ほがい》」の祝詞《のりと》に、屋船久久遅命《やふねくくちのみこと》、屋船豊宇気姫命《やふねとようけひめのみこと》という男女神が見られる。このうち屋船久久遅命は木の守護神である。『古事記』には、大屋毘古神《おおやびこのかみ》が登場し、この神も家屋と関係がある。家屋の用材である木の神霊が家の守護神とされたのである。

台所の神

地鎮祭とは

地鎮祭

皇居東御苑にて執り行なわれた、平成大礼即位大嘗宮の地鎮祭。

地鎮祭は家屋を新築するときなどに際し、土地の神霊を鎮めて工事の安全を願う儀礼。

最古の記録では、『日本書紀』持統天皇5年条の藤原京造営に関するものである。

古代の伊勢神宮では鎮地祭《ちんちさい》や地祭《じまつり》などとよばれ、土地に鎮物《しずめもの》として鉄製の人形や鏡などが埋められた。

現在の一般的な地鎮祭では、土地の一部に斎庭《ゆにわ》が設けられ、四隅に忌竹《いみたけ》を立てて注連縄を張り、中央に祭壇を置く。

祭壇には神饌が供えられ、神職による修祓《しゅばつ》が終わると、施主などが鍬入れをおこない、玉串を奉奠し、工事の安全を祈願する。

生命を保つための食物を調理する台所には、複数の神がまつられている。火所には火の神である荒神《こうじん》さま、戸棚や柱の上には、福の神である恵比須《えびす》や大黒天《だいこくてん》がまつられている。また、火伏《ひぶ》せの神として有名なのは秋葉神社の迦具土神《かぐつちのかみ》（秋葉大権現《だいごんげん》）である。そして京都の愛宕神社で、「火廼要慎《ひのようじん》」と書かれた神札が京都の町などにはられている。

竈の神

竈《かまど》や囲炉裏《いろり》など、家のなかの火を扱う場所にまつられる神。一般には火の神とされるが、農業の神、子どもの神、牛馬の神、家族の守護神でもあり、家の神の性格をあわせもっている。東北地方ではカマジン、カマオトコといって、木製の醜い面を竈近くの柱にかけてまつる。

厠の神

便所にまつられる神のことで、それは美しい女神とも、盲目の神ともいわれる。出産とも深い関わりがある。女性は便所をきれいにしておくと厠《かわや》の神は良い子を授けてくれるという。小さな人形を便所の隅にまつったり、男女一対の幣《へい》束《そく》や紙人形をまつる地方もある。

厩の神

馬は農耕と深い関わりがあり、かつては家族の一員のように大切に扱われた。その馬の守護神として「蒼前《そうぜん》さま」がいる。とくに東北でまつられており、別名「相染」「駒形明《こまがたみょう》神《じん》」ともいう。岩手県の蒼前祭りは、「チャグチャグ馬子」として知られる。

また、馬櫪神《ばれきしん》、馬歩神《ばほしん》も馬の守護神とされた。ちなみに陰陽道には厩鎮神《うまやしずめのかみ》がある。

オシラサマ・ザシキワラシ

オシラサマは東北地方でまつられる家の神で、養蚕《ようさん》の守護神。一方、ザシキワラシは東北地方の旧家の座敷の真ん中に住むといわれる家の神である。小さい形をしており、顔は赤く、長い髪を垂れている。この神は幸福の象徴のようなところがあり、座敷からいなくなると、その家は衰頽するという。

三猿

日光東照宮の神厩舎は、徳川家康が関ケ原の合戦時に乗った馬が奉納されたところ。サルは馬を病気から守るとされたため、長押《なげし》の上にサルの彫刻が刻まれることとなった。これらの彫刻は人の生き方を説いている。三猿は、子どものとき(純粋なとき)には悪いことを「見ざる・言わざる・聞かざる」がよい、とするたとえといわれている。

チャグチャグ馬子

毎年6月、100頭ほどの馬が、滝沢村の蒼前神社から盛岡市の八幡宮まで15kmの道のりを行進する。祭りの名は、歩くたびにチャグチャグと鳴る鈴の音に由来するといわれている。

仕事・芸能の神様
—農業・漁業・芸能に秀でた神々

農業の神

『古事記』に、大宜都比売神《おおげつひめのかみ》が須佐之男命《すさのおのみこと》に斬り殺されると、死体の頭に蚕、目に稲、耳に粟、鼻に小豆、陰部に麦、尻に大豆が生じたとある。大宜都比売神という名からすれば、食物の女神であるが、食物は農耕の象徴であるので、農業神ともいわれる。『日本書紀』では保食神《うけもちのかみ》と月読命《つくよみのみこと》の間に同様の神話が見られ、この神も農業の神として信仰される。ほかに豊受大神《とようけのおおかみ》、和久産巣日神《わくむすひのかみ》、宇迦之御魂神《うかのみたまのかみ》、大年神《おおとしのかみ》も農業の神とされる。

漁業の神

事代主神《ことしろぬしのかみ》は漁業の神として信仰され、七福神の恵比寿《えびす》さまとしても知られる。

林業の神

林業の祖神は五十猛神《いたけるのかみ》である。『日本書紀』によれば、素戔嗚尊《すさのおのみこと》が新羅《しらぎ》に天降った際、御子神の五十猛神とともに樹木の種をもって降りたが、新羅には植えないで樹木を持ち帰

金山毘売神　金山毘古神　五十猛神

(『神仏図会』国立国会図書館蔵)

(右)五十猛神《いたけるのかみ》は『古事記』では大屋毘古《おおやびこ》と記される。素戔嗚尊(須佐之男神)の皇子で、父とともに日本国中を植林したと伝わる。
(中)金山毘古神《かなやまびこのかみ》。「金山」とは鉱山をさし、金山毘売神とは夫婦神。
(左)金山毘売神《かなやまびめのかみ》。『古事記』にのみあらわれる。金山毘古神と金山毘売神の両方をまつる神社として黄金山神社(宮城県石巻市。旧牡鹿町)が有名。

り、日本中に植えたという。

和歌山市の伊太祁曾《いたきそ》神社、熱海市の来宮《きのみや》神社は、五十猛神をまつり、林業・製材関係者の信仰を集めている。

鍛冶の神

「目が一つ」という奇怪な姿の天目一箇神《あまのまひとつのかみ》は、鍛冶《かじ》職人の神である。このような表記は『古語拾遺《こごしゅうい》』や『播磨国風土記《はりまのくにふどき》』に見えるところであるが、『古事記』には「天津麻羅《あまつまら》」と記している。天照大御神《あまてらすおおみかみ》の天岩戸《あまのいわと》神話では、刀、斧、鉄鐸を造り、国譲りでは作金者として料物をつくったとされる。古来、製鉄・鍛冶業の人びとは、作業場にこの神をまつった。鍛冶職人は、片方の目をつぶって火の色を見るため、鍛冶の神の多くは目が一つであるという。またこうした姿から眼病の神ともされる。

金属の神

金山毘古神《かなやまびこのかみ》と金山毘売神《かなやまびめのかみ》は、鉱山、金属の神である。鍛冶職人や金属加工業者からあつく信仰されている。伊耶那美神《いざなみのかみ》が火傷して嘔吐した吐瀉物《としゃぶつ》から生まれた。鉱石を溶かした様が吐瀉物に似ていることから連想して、鉱山、金属の神とされた。奈良県吉野郡にある金峯《きんぷ》神社には金山毘古命がまつられている。

建築の神

忌部《いんべ》氏の祖神である彦狭知命《ひこさしりのみこと》と手置帆負神《たおきほおいのかみ》は、社殿や道具類の製作の神、また、建築の神である。

『古語拾遺』によれば、天照大御神が天岩戸にこもった際、この二神が峡谷で木材を集めて瑞殿《みずのみあらか》を造り、さらに、神武《じんむ》天皇の橿原宮《かしはらのみや》の造営の際にも、二神の子孫が正殿の造営をしたと記している。土木業者や建築業者のあつい信仰を受け、建築の祭事では、二神がまつられる。

料理の神

料理の神として有名なのは、磐鹿六雁命《いわかむつかりのみこと》である。『日本書紀』によると、第一二代景《けい》

八臂弁財天

江島神社（神奈川県藤沢市江の島）の辺津宮《へつみや》境内の奉安殿に安置されている八臂弁財天《はっぴべんざいてん》。鎌倉時代初期の作で、『吾妻鏡《あずまかがみ》』によると、源頼朝が鎌倉に幕府を開くとき、奥州の藤原秀衡《ふじわらのひでひら》調伏祈願のため、文覚上人に命じてつくらせ、21日間祈願させたと記されている。

行《こう》天皇が安房《あわ》の浮島の宮に行幸されたとき、磐鹿六雁命が弓の弦を取って海に入れ、カツオを釣った。さらに砂浜でハマグリを採った。そこで命がカツオとハマグリを料理して天皇に献上したところ、天皇はその料理の技を賞賛して膳大伴部《かしわでのおおともべ》の姓を賜《たまわ》ったという。

この膳部の子孫の高橋氏が代々、宮中の料理を司ったところから、磐鹿六雁命が料理の神として信仰されるに至ったといわれる。

芸能の神

市杵嶋姫神《いちきしまひめのかみ》は宗像《むなかた》三女神の一柱で、歌舞音曲を司る弁才天《べんざいてん》と習合し、芸能者の守護神となった。

芸能の神は、ほかに天宇受売命《あめのうずめのみこと》、玉津島《たまつしま》明神《みょうじん》などがある。

【おもな参考文献】

『日本神さま事典』三橋健・白山芳太郎編著、『わが家の宗教　神道』三橋健編、『神社と神道がわかるQ&A』三橋健編著（大法輪閣）／『厄祓い入門』三橋健（光文社）／『わが家の守り神』三橋健（河出書房新社）／『願ったり、叶ったり』三橋健（講談社）／『みそぎ考』ひろさちや・林亮勝・三橋健（すずき出版）／『日本人と福の神　七福神と幸福論』三橋健（丸善）／『神々の原影』西田長男・三橋健共著（平河出版社）／『神とはなにか』三橋健（長野県院友神職会）／『増補日本架空伝承人名事典』（平凡社）／『新版　全国一宮祭礼記』落合偉洲ほか編（おうふう）／『神社辞典』白井永二・土岐昌訓（東京堂出版）／『日本「神社」総覧』上山春平ほか（新人物往来社）／『神道人名辞典』（神社新報社）／『神道史大辞典』薗田稔・橋本政宣編（吉川弘文館）／『日本の神々　神徳由来辞典』三橋健編著、『日本の神々の事典』薗田稔・茂木栄監（学研）／『神道の常識がわかる小事典』『神社の由来がわかる小事典』三橋健（PHP研究所）／『神社のしくみと慣習・作法』三橋健編著（日本実業出版社）／『この一冊で神社と神様がスッキリわかる！』三橋健（青春出版社）

本書は二〇〇七年『図説　あらすじで読む日本の神様』として小社よりB5判で刊行されたものに加筆・修正したものです。

青春新書
INTELLIGENCE

こころ涌き立つ「知」の冒険

いまを生きる

"青春新書"は昭和三一年に——若い日に常にあなたの心の友として、その糧となり実になる多様な知恵が、生きる指標として勇気と力になり、すぐに役立つ——をモットーに創刊された。

そして昭和三八年、新しい時代の気運の中で、新書"プレイブックス"にその役目のバトンを渡した。「人生を自由自在に活動《プレイ》する」のキャッチコピーのもと——すべてのうっ積を吹きとばし、自由闊達な活動力を培養し、勇気と自信を生み出す最も楽しいシリーズ——となった。

いまや、私たちはバブル経済崩壊後の混沌とした価値観のただ中にいる。その価値観は常に未曾有の変貌を見せ、社会は少子高齢化し、地球規模の環境問題等は解決の兆しを見せない。私たちはあらゆる不安と懐疑に対峙している。

本シリーズ"青春新書インテリジェンス"はまさに、この時代の欲求によってプレイブックスから分化・刊行された。それは即ち、「心の中に自らの青春の輝きを失わない旺盛な知力、活力への欲求」に他ならない。応えるべきキャッチコピーは「こころ涌き立つ"知"の冒険」である。

予測のつかない時代にあって、一人ひとりの足元を照らし出すシリーズでありたいと願う。青春出版社は本年創業五〇周年を迎えた。これはひとえに長年に亘る多くの読者の熱いご支持の賜物である。社員一同深く感謝し、より一層世の中に希望と勇気の明るい光を放つ書籍を出版すべく、鋭意志すものである。

平成一七年

刊行者　小澤源太郎

著者紹介
三橋　健〈みつはし・たけし〉
1939年、石川県金沢市生まれ。國學院大學大学院博士課程修了。1971～74年までポルトガルのコインブラ大学へ留学。博士(神道学)。現在、國學院大學大学院客員教授。おもな編著書に『国内神名帳の研究』〈論考編・資料編〉(おうふう)、『日本人と福の神』(丸善)、『日本神さま事典』(大法輪閣)、『目からウロコの日本の神々と神道』(学習研究社)、『神社の由来がわかる小事典』(PHP研究所)、『この一冊で神社と神様がスッキリわかる!』(小社刊)などがある。

図説《ずせつ》　あらすじでわかる!
日本《にっぽん》の神々《かみがみ》と神社《じんじゃ》

青春新書
INTELLIGENCE

2010年5月15日　第1刷

著　者　三橋《みつはし》　健《たけし》

発行者　小澤源太郎

責任編集　株式会社プライム涌光
電話　編集部　03(3203)2850

発行所　東京都新宿区若松町12番1号　〒162-0056　株式会社青春出版社
電話　営業部　03(3207)1916　振替番号　00190-7-98602

印刷・共同印刷　製本・ナショナル製本

ISBN978-4-413-04275-8

©Takeshi Mitsuhashi 2010 Printed in Japan

本書の内容の一部あるいは全部を無断で複写(コピー)することは著作権法上認められている場合を除き、禁じられています。

万一、落丁、乱丁がありました時は、お取りかえします。

こころ涌き立つ「知」の冒険!

青春新書 INTELLIGENCE

大好評! 青春新書の(2色刷り)図説シリーズ

図説

日本人の源流をたどる!

伊勢神宮と出雲大社

瀧音能之[監修]

なるほど、そんな違いがあったのか!
大和朝廷が重んじた
二大神社の成り立ちを探る。

ISBN978-4--413-04267-3 1100円

図説

地図とあらすじでわかる!

古事記と日本書紀

坂本 勝[監修]

天岩屋、ヤマタノヲロチ伝説、天孫降臨、
神武東征、倭の五王、
継体天皇の即位、乙巳の変…
なるほど、そういう話だったのか!
「記紀」の違いから、日本人の原点を探る。

ISBN978-4--413-04222-2 930円

お願い
ページわりの関係からここでは一部の既刊本しか掲載してありません。
折り込みの出版案内もご参考にご覧ください。

※上記は本体価格です。(消費税が別途加算されます)
※書名コード(ISBN)は、書店へのご注文にご利用ください。書店にない場合、電話または Fax(書名・冊数・氏名・住所・電話番号を明記)でもご注文いただけます(代金引替宅急便)。
商品到着時に定価+手数料をお支払いください。
〔直販係 電話03-3203-5121 Fax03-3207-0982〕
※青春出版社のホームページでも、オンラインで書籍をお買い求めいただけます。
ぜひご利用ください。〔http://www.seishun.co.jp/〕